T. McCaffrey - Inglés

TECHNIQUES ET PRATIQUES DE CLASSE

W0355078

L'évaluation

et le Cadre européen commun

Christine Tagliante

CLE INTERNATIONAL
www.cle-inter.com

Crédits photographiques :
Couverture : g Matthias Jung/LAIF-REA – m F. Maigrot/REA – d Romain Degoul/REA
p. 101 bas d H. de Oliveira/Expansion-REA
p. 103 g Cyril Delettre/REA – m g Richard Damoret/REA – m d Jacques Loic/Photononstop
p. 105 Paul Avis/Taxi/Getty Images
p. 119 Mappy SA
p. 120 Pages Jaunes/Mappy SA
p. 130 ht France 2 – m France 3 – bas Canal +
p. 131 ht Arte – m ht M 6 – m bas TF1 – bas France 5

Direction éditoriale : Michèle Grandmangin
Édition : Christine Ligonie
Conception maquette et mise en pages : Alinéa
Couverture : Alinéa
Recherche iconographique : Agnès Calvo
Illustrations : Chloé Guyon
Schémas : Céline Bezançon

© CLE international / SEJER, Paris, 2005 – ISBN : 978-2-09-033119-6

Avant-propos

La réactualisation de l'ouvrage *L'Évaluation* est devenue nécessaire.

Depuis la date de sa première édition, en 1991, les travaux des linguistes[1] ont contribué à modifier la perception que les enseignants et les formateurs ont du monde des langues.

1991, c'est précisément l'année où les experts, réunis en symposium intergouvernemental à Rüschlinkon, en Suisse, à l'initiative du gouvernement fédéral helvétique, ont décidé de la création d'une part d'un outil commun **à tous les pays**, qui permettrait de faire le point sur les méthodologies de l'enseignement de **toutes les langues** et de leur apprentissage, et d'autre part de créer un outil qui rendrait transparents les résultats de cet apprentissage. Le thème du symposium était « Transparence et cohérence dans l'apprentissage des langues en Europe : objectifs, évaluation, certifications ».

Ces deux importantes décisions ont abouti à l'élaboration du *Cadre européen commun de référence pour les langues : apprendre, enseigner, évaluer*[2] et à la création des *Portfolios européens des langues*[3], aujourd'hui présents dans une quarantaine de pays et de systèmes éducatifs.

L'aspect novateur principal est présent dans le titre de l'ouvrage : un cadre **commun** a été créé. Il concerne les méthodologies d'enseignement, les habitudes d'apprentissage et, pour le sujet qui nous intéresse, l'évaluation des compétences langagières. Le concept de **communauté** donne à nos réflexions une dimension qui dépasse le strict cadre de la classe, en les concrétisant dans une conception **commune** de l'évaluation qui est d'ores et déjà adoptée en Europe et hors de ses frontières.

Quelques souhaits

L'ouvrage actuel est destiné aux étudiants, aux enseignants et aux formateurs.

Il se propose d'être à la fois :

– un guide, pour découvrir comment et pourquoi les notions présentées dans *Cadre européen commun de référence* sont désormais indispensables aux évaluateurs ;

1. Ceux de la Division des langues vivantes du Conseil de l'Europe (aujourd'hui appelée « Division des politiques linguistiques », le changement n'est pas anodin) et, parallèlement, ceux du groupe ALTE (Association of Language Testers in Europe).
2. *Cadre européen commun de référence pour les langues : apprendre, enseigner, évaluer*, Conseil de l'Europe, Didier, Paris, 2001.
3. Voir le chapitre 6, qui leur est consacré.

– une aide, pour s'approprier ces différentes notions (progression, niveaux, descripteurs...) ;

– un mémo, pour se remettre en mémoire les aspects théoriques liés à l'évaluation déjà présentés dans l'édition de 1991 ;

– un appui, pour pouvoir élaborer, à partir de fiches types, des activités d'évaluation à chaque niveau de l'apprentissage et pour chaque compétence langagière ;

– un outil permettant de relier théorie et pratique.

Des partis pris

On a souhaité présenter les notions théoriques sous une forme conviviale, un peu comme si le lecteur participait à un stage de « lecture-formation » au cours duquel on lui demanderait de s'approprier les concepts découverts ou redécouverts et d'élaborer son propre matériel.

On a également souhaité qu'à la fin de cette lecture l'évaluation soit considérée comme faisant intégralement partie de l'apprentissage, en fonction de la démarche pédagogique propre au formateur.

L'évaluation des acquis, en effet, n'est pertinente que si :

– elle s'appuie sur une ou plusieurs théories de l'enseignement/apprentissage ;

– elle intègre ces théories dans une démarche didactique, une pratique pédagogique rigoureuses ;

– elle est partagée avec les apprenants[4] et ne constitue pas le domaine réservé de l'enseignant.

Dans cet ouvrage, l'évaluation est donc présentée d'une part comme une aide à l'apprentissage et un instrument d'appréciation (évaluation qualitative) et d'autre part comme un instrument de mesure (évaluation quantitative), s'appuyant, dans les deux cas, sur les pédagogies par objectif appliquées à une approche communicative et actionnelle de l'enseignement. En d'autres termes, une évaluation formative critériée est privilégiée lors de l'apprentissage et une mesure rigoureuse des acquis l'est lors des bilans sommatifs.

Des contenus théoriques et pratiques

Les chapitres 1, 5 et 8 reprennent les contenus de la première édition, complétés par un approfondissement de la réflexion menée à cette époque. On y trouvera une mise à jour des notions clés et le point sur l'état de la question.

4. Dans cet ouvrage le mot « apprenant » est toujours utilisé dans son sens générique, sans distinction de sexe. L'apprenant (féminin ou masculin) est l'individu qui apprend une langue dans un contexte hors scolaire. Le terme « élève » sera utilisé pour désigner celui qui apprend dans un contexte scolaire.

Le chapitre 2 décrit (et décrypte) le *Cadre européen commun de référence pour les langues* et les *Référentiels* par niveaux pour les langues nationales et régionales.

Dans le chapitre 3, on détaille et on commente le chapitre 9 du *Cadre européen commun* consacré à l'évaluation.

Le chapitre 4 propose une démarche permettant de rendre évaluables les descripteurs de compétence du *Cadre*.

Les *Portfolios européens des langues* sont présentés dans le chapitre 6, qui traite de l'auto-évaluation.

Le chapitre 7 illustre comment quelques pays appliquent les recommandations du *Cadre européen commun*.

Enfin, le chapitre 9 présente une série de 46 fiches pratiques d'activités d'évaluation, dont 9 fiches de discrimination auditive. Ces fiches illustrent des possibilités d'évaluation, à chaque niveau du *Cadre européen commun* et pour chaque compétence langagière. Elles doivent être considérées comme des exemples. Leur objectif premier est de servir de base, de déclencheur pour d'autres créations.

Pour chaque fiche, un en-tête précise : le descripteur évalué, la ou les fonctions discursives traitées, l'objectif dont on évalue la maîtrise, le type de tâche langagière communicative, le public auquel s'adresse l'activité, le niveau taxonomique, le type de support utilisé et enfin le domaine, voire le sous-domaine dans lequel la réalisation de la tâche est demandée.

En fin d'ouvrage

Un lexique des termes les plus courants, une bibliographie sélective en deux parties (auteurs cités dans ce livre et ouvrages permettant d'approfondir le sujet), une sitographie, des textes de référence en annexes et une table des matières.

Bonne lecture... !

Chapitre 1 L'évaluation décortiquée

PETIT TEST

Pour chacune des notions suivantes, indiquez par une croix si vous pouvez en donner une définition pertinente[1].

		OUI	NON
1	Compétence	☐	☐
2	Capacité	☐	☐
3	Niveau de compétence	☐	☐
4	Référentiel	☐	☐
5	Progression	☐	☐
6	Savoirs	☐	☐
7	Savoir-faire	☐	☐
8	Critère d'évaluation	☐	☐
9	Indicateur d'acquisition	☐	☐
10	Table de spécification	☐	☐
11	Évaluation formative	☐	☐
12	Évaluation sommative	☐	☐
13	Évaluation formatrice	☐	☐
14	Évaluation de l'état initial	☐	☐
15	Co-évaluation	☐	☐
16	Auto-estimation	☐	☐
17	Auto-évaluation	☐	☐
18	Pondération	☐	☐
19	Classement	☐	☐
20	Interlangue	☐	☐
21	Test	☐	☐
22	Taxonomie de Bloom	☐	☐
23	Validité	☐	☐
24	Fidélité	☐	☐
25	Théorie de l'apprentissage	☐	☐
26	Pédagogie par objectif	☐	☐
27	Performance observable	☐	☐
28	Objectif opérationnel	☐	☐
29	Outil d'évaluation fermé	☐	☐
30	Volume horaire d'apprentissage	☐	☐
31	Docimologie	☐	☐
	TOTAUX	☐	☐

1. Vous trouverez les définitions de ces notions dans le lexique.

La terminologie liée au domaine de l'évaluation a pu être qualifiée de « jungle » par W. J. Popham[2].

Des essais de codification de ce vocabulaire ont été effectués par des chercheurs en éducation, mais de grandes disparités subsistent, selon les écoles, sur ce que recouvrent certains mots et concepts. Cela est dû d'une part aux difficultés liées à la traduction de ce lexique qui nous vient essentiellement de la recherche anglo-saxonne, et d'autre part de la qualité bien française de vouloir imposer des distinctions.

En voici deux exemples

• La traduction française du mot *skill*, utilisé par les Anglo-Saxons pour les quatre composantes de la communication langagière : expression et compréhension orales et écrites. Selon les ouvrages de référence, *skill* est traduit par « habileté » ou « capacité », parfois « compétence », voire « savoir-faire ». Or, comme on va le voir, ces quatre traductions recouvrent des concepts bien différents.

• Les deux mots « compétence » et « capacité » sont souvent employés l'un pour l'autre. Or, le concept de **capacité**, qui vient de l'anglais par *ability* ou *skill*, ne recouvre que le fait qu'une personne est capable de produire un comportement langagier donné dans une situation donnée, alors que le concept de **compétence** indique l'aptitude reconnue, **donc évaluée**, à savoir produire une conduite langagière

L'un des premiers objectifs de ce livre est de clarifier cette jungle terminologique, afin que les mêmes mots recouvrent toujours les mêmes concepts.

On trouvera à la fin un lexique sélectif commenté des mots et des concepts dont il sera question tout au long de l'ouvrage.

RÉFLEXION PRÉLIMINAIRE

Rares sont les pays où l'enseignant reçoit, dans sa formation initiale, ne serait-ce qu'une information sur les différentes façons d'évaluer les progrès en langues de ses élèves[3].

Démuni, il reproduit souvent les procédures par lesquelles il a lui-même été évalué au cours de ses études. Cette évaluation scolaire, essentiellement dictée par les impératifs de l'institution scolaire ou universitaire, ne prend en compte

2. « Terminology jungle », cité par Louis Vandevelde dans *Aider à devenir*, Bruxelles, Labor/Paris, Nathan, 1982, p. 149.
3. Voir à ce sujet, du même auteur, *La Classe de langue*, Paris, CLE International, coll. « Techniques et pratiques de classe », 1994.

que l'un des aspects de l'évaluation, celle de l'évaluation sommative, qui permet de délivrer notes et diplômes, à usage social (passage d'une classe à l'autre, obtention d'un diplôme final de fin d'études).

Réfléchir à d'autres façons d'évaluer, c'est tout d'abord montrer du respect pour chaque individu, à partir de son plus jeune âge, pour ce qu'il est capable d'acquérir, pour les progrès qu'il fait dans son apprentissage. C'est également le moyen de lever un grand nombre de malentendus, entre élèves – qui comprennent difficilement les raisons des notes qu'ils obtiennent –, entre enseignants – qui s'évaluent implicitement entre eux –, entre enseignants et institutions, entre enseignants et parents, entre l'institution et la société dans son ensemble, en particulier avec le monde du travail.

De nombreux pédagogues réfléchissent à l'évaluation des acquis, en proposant des modalités d'évaluation différentes de la simple notation. Encore faut-il que la finalité de ces modalités ne soit pas d'aboutir *in fine* à une notation, car, en ce cas, l'évaluation censée être différente ne sera pas ressentie comme telle par les apprenants.

LES DEUX GRANDS TYPES D'ÉVALUATION

En évaluation des acquis, il faut tout d'abord séparer clairement tout ce qui relève du domaine du contrôle (évaluation sommative), de ce qui relève de l'information réciproque entre l'enseignant et l'apprenant (évaluation formative et auto-évaluation).

Le tableau de la page suivante permet de comparer ces deux grands types d'évaluation.

Le domaine du contrôle

L'origine du mot « contrôle »

Le *Robert*[5] indique qu'à l'origine le mot « contrôle » est formé de « contre » et de « rôle », le « contre rôle » désignant un registre de comptabilité (rôle) tenu en double, l'un servant à vérifier l'autre (contre). C'est cette fonction de vérification qui prévaut aujourd'hui, agrémentée de la notion de critique. Contrôler, c'est donc vérifier, en soumettant à critique, qu'un élément second correspond bien à un élément premier. En évaluation, contrôler signifie vérifier que la production d'un apprenant correspond bien à ce qu'édictent les normes grammaticales, lexicales, linguistiques.

5. *Dictionnaire historique de la langue française*, sous la direction d'Alain Rey, Paris, Dictionnaires Le Robert, 1998.

Le contrôle (évaluation sommative, normative)	**La prise d'information (évaluation formative, critériée et auto-évaluation)**
↓	↓
Contrôler, c'est vérifier la conformité des performances de l'apprenant à la	L'information que l'on recherche, c'est, autant pour l'apprenant que pour l'enseignant, de savoir si les objectifs fixés sont ou non atteints, selon les
↓	↓
norme de la langue cible.	**critères** formulés par l'enseignant.
↓	↓
Pour cela, on utilise des tests calibrés, des exercices, des examens, qui donnent lieu à une	Pour cela, on utilise des activités d'évaluation, des fiches d'auto-estimation, des exercices de vérification qui donnent lieu à une
↓	↓
note Cette évaluation est **imposée**, elle sert à classer les élèves entre eux. La note est la seule information donnée. Il s'agit d'une évaluation sanction.	**information commentée** Cette évaluation est **consentie**, elle apporte des informations sur les acquis et sur ce qu'il reste à acquérir. Il s'agit d'une évaluation (in)formative.
↓	↓
Elle mène à la certification. Elle a une valeur sociale.	**Elle mène à la reconnaissance des compétences.** Elle a une valeur formative.

Les moyens mis à la disposition de l'enseignant pour contrôler les acquis sont multiples : ils vont des activités de classe, notées ou non, aux examens terminaux.

La norme

Elle est opposée aux critères. Ni l'enseignant, ni l'apprenant n'ont de prise sur elle. La norme est définie *a priori* : c'est celle des grammaires, des dictionnaires, des manuels d'apprentissage, du système phonologique.

Il est normal que l'enseignant tente de faire acquérir cette norme, car son souhait est que ses élèves s'en rapprochent le plus possible pour « parler correctement ». Un individu qui respecterait la totalité de la norme pourrait être qualifié de bilingue. Or la finalité de l'enseignement n'est pas de fabriquer des bilingues mais bien de conduire les apprenants du niveau A où on les prend en charge au niveau B qui sera l'objectif de la période d'apprentissage. La recherche du bilinguisme est un fantasme qui n'est pas de mise dans les classes de langue.

Le *Cadre européen commun*, en définissant des niveaux de compétence en langue, indique en quelque sorte des paliers d'apprentissage. L'enseignant et les systèmes éducatifs doivent admettre que l'objectif du système n'est pas de faire acquérir aux élèves, au cours de leur scolarité, le palier le plus haut (le niveau C2 du *Cadre*). Des paliers progressifs doivent être établis pour chaque étape de l'apprentissage, et c'est uniquement la maîtrise de ces paliers – de ces niveaux – qui doit être évaluée. Il faut donc aujourd'hui savoir situer la norme. Des outils conceptuels tels que le *Cadre européen commun* et les *Référentiels* qui s'y rattachent sont pour cela inestimables. Tant que ce concept ne sera pas assimilé, la norme inatteignable continuera à être la référence des enseignants et la hantise des apprenants.

La note en situation de classe, la fidélité de la notation, le mythe entretenu par la docimologie

D'où vient l'idée d'attribuer des notes aux travaux et aux performances des élèves ? Qu'implique cette note ? Peut-on considérer que chaque performance puisse se voir attribuer une note réellement représentative de la valeur intrinsèque du travail fourni ? Pourquoi les notes diffèrent-elles d'un correcteur à l'autre ? Pourquoi un même travail peut-il être évalué différemment, à quelques mois ou semaines d'intervalle, par un même correcteur ?

Les travaux de Piéron[6] et d'autres chercheurs, nés du constat des différences individuelles intra- et inter-évaluateurs, ont proposé dans les années 1960 une nouvelle discipline, la docimologie (étude critique des examens et des concours), pour montrer qu'il était possible d'obtenir pour chaque travail fourni une « vraie note » représentative de sa valeur. La docimologie considérait que les travaux (copies d'élèves par exemple, lors des examens sommatifs) pouvaient être mesurables et quantifiables. Les différences de notation pouvaient être éliminées en multipliant le nombre de correcteurs et en appliquant aux diverses notes obtenues une procédure statistique de mesure permettant de déterminer la « vraie note ».

Des chercheurs[7] ont calculé, dans différentes disciplines enseignées à l'école primaire puis au niveau du baccalauréat (français, mathématiques, philosophie, physique), le nombre de correcteurs au-delà duquel la moyenne des notes obtenue ne variait plus : 128 correcteurs en philosophie, 78 en français, 16 en physique, 13 en mathématiques. Ces résultats étaient logiques, mais coûteux, inapplicables et en quelque sorte malheureux : ils ont donné naissance au mythe de la « vraie note », que tout enseignant aimerait pouvoir attribuer aux performances de ses élèves de façon à constater le plus ou moins grand écart avec la norme.

6. H. Piéron, *cf.* Bibliographie.
7. H. Laugier et D. Weinberg, *cf.* Bibliographie.

Il n'a fallu qu'une dizaine d'années pour que les résultats des travaux issus de la docimologie soient remis en question[8].

Une performance orale ou écrite (sauf si l'épreuve se présente sous forme de questions à choix multiples – QCM – standardisées) ne peut être mesurée comme un objet physique concret, à l'aune d'un instrument de mesure. La notation, sauf dans le cas de tests calibrés[9], n'est pas un instrument de mesure exacte, elle ne contribue pas à la fidélité de l'évaluation. Elle ne peut être qu'une estimation donnée à une performance, en fonction de critères d'appréciation.

La docimologie a cependant le mérite d'avoir montré que la notation de copies n'est jamais stable ni constante (les qualités essentielles de la fidélité) et que de nombreux facteurs, souvent connus sous le terme de « critères parasites de la fidélité », y contribuent.

Tout enseignant connaît les critères parasites de la fidélité, sans toujours savoir les nommer. Ils sont nombreux, il faut savoir les reconnaître pour en prendre conscience et essayer de les réduire, voire de les éliminer.

• *L'effet de fatigue* : les conditions de correction influencent le jugement de l'évaluateur. On corrige sans aucun doute plus équitablement le matin, bien assis à une table de travail que le soir dans les transports en commun...

• *L'effet de contraste* : une copie moyenne souffre d'être corrigée juste après une excellente production. Si elle avait été corrigée juste après une copie très médiocre, il y a fort à parier qu'elle aurait obtenu une bien meilleure note...

• *L'effet de favoritisme* : le favori ou le « chouchou » est en général celui qui renvoie à l'enseignant une image gratifiante de lui-même. Quel dommage de lui mettre une « mauvaise » note...

• *L'effet d'ordre* : on est en général malheureusement plus sévère à la fin d'une série de copies qu'au début. La note attribuée à un travail dépend donc de sa place dans le paquet.

• *L'effet de stéréotypie* : les notes attribuées en début de formation constituent parfois une référence pour l'enseignant qui, par la suite, a du mal à noter différemment. Combien d'élèves disent qu'ils ont été jugés une fois pour toutes et que leurs notes ne varient pas quels que soient les efforts qu'ils fournissent ?

• *L'effet de contamination* : un bon dossier scolaire ne rachète pas une copie faible ; en revanche il influe favorablement sur une bonne copie. Cet effet a été démontré « à l'aveugle » : une copie moyenne a été présentée à l'évaluateur comme venant d'un élève faible et à d'autres comme venant d'un bon élève. Dans le premier cas, elle a été sous-évaluée, et surévaluée dans le second cas.

8. J.-J. Bonniol, *cf.* Bibliographie.
9. *Cf.* « Calibrage » dans le lexique.

• *L'effet de halo* : à l'oral, un élève sympathique, convivial et positif est mieux noté qu'un introverti qui a du mal à avoir confiance en lui. À l'écrit, un travail soigné et lisible fait meilleure impression qu'un bon travail mal présenté.

• *L'effet « choc »* : la même erreur toutes les trois phrases et la note chute en dessous de la moyenne (choc négatif) ; une seule idée géniale dans un devoir qui l'est moins et la note grimpe au-dessus de la moyenne (choc positif).

• *L'effet « goutte d'eau »* : tout au long de la production, qui n'est pas inintéressante, l'enseignant a toléré les erreurs d'orthographe, l'écriture quasi illisible, la ponctuation fautive, puis la vingtième majuscule absente après un point fait déborder le vase...

• *L'écart-type* : tel enseignant, sur une échelle de notation de zéro à vingt, n'utilise que la fourchette comprise entre huit et douze. On dit alors que son écart-type est de quatre points. Tel autre n'utilisera jamais les notes comprises entre dix-sept et vingt.

• *L'évaluation externe* : on n'en parle qu'à voix basse mais elle existe. Il s'agit de la réputation d'un enseignant vis-à-vis de ses collègues et de son institution. Il arrive que des enseignants ne mettent que très peu de « très mauvaises notes », de crainte de passer pour de « très mauvais enseignants »...

On l'aura compris, la note attribuée en situation de classe n'est qu'une convention, souvent mal vécue, qui, en dehors d'un classement des élèves entre eux, d'une hiérarchisation, ne permet pas d'apporter des informations utiles et nécessaires sur les progrès accomplis en vue des objectifs fixés.

Cependant, elle est encore qualifiée de « mal nécessaire » dans les discours officiels. On verra dans les pages qui viennent comment faire évoluer les comportements évaluatifs.

Les annotations, les commentaires[10]

La note est souvent le résultat d'un décompte de points. En France, on décompte à partir de 20 points. Sa perception, comme son décompte, est négative, car elle ne présente aucune valorisation des efforts accomplis.

Les annotations, les commentaires, peuvent pallier cette manifeste indifférence. Encore faut-il qu'ils se présentent de façon valorisante.

10. Trouvé sur internet, à méditer...
Pour cet étudiant, c'est la dernière limite. Ne trouvant pas l'inspiration, il décide de regarder dans les archives d'examens des anciens étudiants. Il découvre alors le travail qui lui convient et le recopie. Il remet sa copie et, une semaine plus tard, il reçoit ses résultats. Il est agréablement surpris de voir qu'il a obtenu la note maximale. Sur sa copie, une petite annotation écrite par son professeur : « Quand j'ai écrit ceci, je n'avais pas eu la moyenne, mais j'ai toujours pensé que ça valait beaucoup plus. »

Des études[11] ont montré que les commentaires habituels portés sur les copies sont le plus souvent redondants avec la note-sanction (05/20 « mauvais travail »), ou sont trop laconiques et négatifs (« incorrect », « mal dit »), ou encore donnent des instructions sans préciser les moyens qui permettent de s'améliorer (« mal formulé, à reprendre »). Les commentaires n'ont, dans ce cas, aucune utilité pour l'élève.

Pour assurer cette fonction d'utilité, la note devrait être accompagnée d'un rappel de ce qui s'est passé en classe, au moment où le point évalué a été abordé; d'un renvoi à une page du manuel; du numéro d'un exercice à faire... Le commentaire prolongerait dans ce cas le processus d'enseignement/apprentissage.

La note en situation d'examen

La note y assure une fonction de sanction, positive ou négative. Cette sanction est subie, l'apprenant n'a aucun droit de regard sur elle. En situation d'examen les demandes de révision de notes sont accompagnées de mesures administratives fastidieuses et décourageantes pour les candidats. Le jury d'examen est souvent, par voie réglementaire, souverain quant à ses décisions.

La notion de « vraie note » perdure. La conviction de l'évaluateur se manifeste dans les chiffres qui sont attribués aux copies d'examen : plus ils seront précis (09,75 et non pas 10), plus ils seront justes et équitables. Comme dans une course de fond mesurée à l'aide d'un chronomètre : 4 minutes 796...

La note a une fonction d'information : elle sert à rendre compte de l'état de l'élève, aux parents (bulletin scolaire) et à la société (admission à un examen).

Les enseignants parlent de « l'attachement de l'élève à la note » et insistent sur le fait que « seul compte le fait d'avoir ou non la moyenne »...

Le cas des concours

Peu importe la note, seuls ceux qui auront obtenu les meilleures seront admis. La barre (note minimale d'admissibilité) peut être fixée n'importe où, en fonction du nombre de places réservées aux concours.

Aux concours externes de recrutement d'enseignants (CAPES[12], agrégation), de la session 2001, 11 547 postes étaient offerts pour 99 091 candidats, soit 8,6 % de candidats inscrits pour un poste, quelle que soit la note obtenue.

Quant aux copies, il ne faut pas s'attendre à y trouver des commentaires de la main du correcteur : « Les copies ne comportent aucune annotation ou appréciation. Aucune disposition législative ou réglementaire n'exige, en effet, des

11. « La notation des copies en situation d'examen et de classe », René Hamigues, professeur des universités, sciences de l'éducation, *cf.* Sitographie.
12. CAPES : certificat d'aptitude au professorat de l'enseignement du second degré.

jurys de concours qu'ils établissent des appréciations sur les prestations des candidats, leur jugement étant concrétisé par l'attribution d'une note chiffrée. Les épreuves d'un concours visent à établir un ordre de classement des candidats en vue de l'accès à un emploi public et ne sauraient être assimilées à des devoirs universitaires donnant lieu à correction détaillée portée sur la copie dans un but pédagogique. » *Bulletin officiel de l'Éducation nationale* n° 10 du 6 septembre 2001.

Le domaine de la prise d'information

Pour que l'évaluation devienne une partie intégrante de la formation, elle doit remplir un rôle informatif. L'information minimale donnée par la note est insuffisante en ce sens qu'elle ne donne aucunement à l'élève les moyens de l'améliorer et qu'elle ne constitue pour l'enseignant que le constat d'un échec – considéré comme un manque de travail de la part de l'élève – ou d'une réussite – qu'il est aisé de s'attribuer.

Or, ni l'échec ni la réussite ne peuvent se définir sans qu'on y associe la notion d'objectif.

« Aucun processus d'évaluation n'a de sens indépendamment des objectifs d'apprentissage visés ; réciproquement, un objectif n'existe véritablement que s'il inclut, dans sa description même, ses modes d'évaluation[13]. »

Dans une situation de classe, l'enseignant, après avoir réalisé les actions pédagogiques qui lui semblent à même de faire acquérir l'objectif d'apprentissage qu'il s'est donné, s'attachera à observer si la performance de l'élève révèle ou non cette acquisition. Le but de cette observation est d'évaluer le degré d'acquisition de l'objectif pédagogique et non de sanctionner sa non-maîtrise.

Prise d'information (évaluation formative) pendant le parcours d'apprentissage

Lors d'un parcours de formation, le rôle de l'enseignant est d'amener l'élève de l'état initial « A » à un état final « B ». L'état initial n'est pas forcément celui du grand débutant : il correspond à l'état de compétence de l'élève au moment où l'enseignant le reçoit dans son groupe. L'état final n'est en aucun cas celui où l'élève maîtrisera totalement la langue enseignée : il s'agit uniquement de son état de compétence au moment où il quittera ce cursus de formation.

L'état « A » doit cependant impérativement être évalué, afin de donner et de prendre une première information sur l'état des compétences, état qui déterminera le parcours de formation et les objectifs à atteindre.

13. L. Porcher, « Note sur l'évaluation », *Langue française* n° 36, p. 111.

Pendant la formation, l'évaluation des objectifs à faire acquérir permettra d'éventuellement réajuster l'enseignement, ou d'envisager des objectifs plus ambitieux.

Enfin, à l'issue du parcours de formation, l'évaluation finale (mais non pas terminale) donnera lieu à un bilan indiquant clairement les objectifs maîtrisés, ceux qui sont en cours d'acquisition et ceux qui ne sont pas encore acquis. Ce bilan sera critérié, en fonction des critères définis par l'enseignant (par exemple, pourcentage de réussite par rapport à la complexité des objectifs à atteindre) et de ceux déterminés par l'élève (en fonction de ses motivations et de ses besoins; par exemple, pour un étudiant en droit qui doit rechercher des informations dans les textes écrits, une meilleure maîtrise des compétences passives de compréhension que des compétences actives de production).

Prise d'information initiale 1re étape	Prise d'information continue 2e étape	Prise d'information finale 3e étape
État initial réel	Enseignement + apprentissage	État (semi-) final

Ce schéma se poursuivra tout au long des différents cursus de formation, jusqu'à ce que le tandem enseignant / élève considère que la partie de l'apprentissage que l'on peut recevoir en institution est terminée et que l'apprenant peut désormais continuer seul sa formation, soit par la pratique quotidienne de la langue avec des natifs, soit de toute autre manière qui lui conviendra.

C'est l'ensemble, pensé et organisé, de ces trois types de prises d'information (initiale, continue et finale) qui, prenant en compte les trois fonctions de l'évaluation, peut prétendre s'appeler « évaluation formative ».

Les trois grandes fonctions de l'évaluation

V. et G. de Landsheere les appellent « les objets possibles de l'évaluation scolaire » ; C. Delorme et C. Hadji[14] les classent en partant des moments où elles interviennent dans le cursus : avant, pendant et après l'apprentissage.

Dans cet ouvrage, on les considérera selon qu'elles font partie de l'un ou de l'autre des deux grands domaines cités, à savoir le contrôle ou la prise d'information.

Le pronostic (prise d'information initiale), qui sert essentiellement à orienter

Cette fonction de l'évaluation cherche à faire connaître, aussi bien à l'élève qu'à l'enseignant, le niveau réel d'un nouvel élève.

14. *Cf.* Bibliographie.

Elle peut également, par des tests particuliers (tests pronostics), chercher à prédire le niveau de compétence qui pourra être atteint au cours de la formation. Dans certaines institutions de formation professionnelle, ce genre de tests d'aptitudes cognitives ou psycho-techniques tend à définir si l'élève est ou non capable d'entreprendre tel type de formation.

Il existe plusieurs façons de vérifier l'état initial.

L'une d'elles est l'estimation, par l'élève lui-même (auto-évaluation) de ses compétences. Le *Cadre européen commun de référence* propose à cet effet une grille d'auto-évaluation pour chacune des capacités langagières[15]. Cette grille est reprise dans les *Portfolios européens des langues*.

Il est également possible d'utiliser des tests de niveau qui permettent, s'ils sont bien conçus[16], standardisés et calibrés, d'avoir une idée précise des compétences. Ces tests servent à orienter l'élève vers un groupe de niveau homogène et à l'informer de ses capacités langagières, afin qu'il puisse prendre, en connaissance de cause, les décisions qui concernent son apprentissage. Le test de niveau permet de faire une sorte de bilan des atouts et des points faibles de l'élève et constitue une source d'information essentielle pour l'enseignant.

On administre parfois un même test de niveau avant l'apprentissage, puis à l'issue de la formation. On les appelle alors « pré-test » et « post-test ». Ils remplissent deux fonctions de l'évaluation : le pronostic et l'inventaire.

Faire connaître cet état à l'enseignant, c'est lui donner les moyens d'anticiper sur sa conduite des objectifs pédagogiques, c'est lui donner une possibilité de réflexion sur l'organisation du cursus de formation.

Faire connaître cet état à l'élève, c'est lui donner l'occasion de savoir où il en est de son apprentissage et de mesurer les efforts qui lui restent à faire dans chaque domaine. C'est lui permettre de s'interroger sur ses motivations et de prendre les décisions adéquates de manière autonome. C'est donc, qu'il s'agisse d'un adolescent ou d'un adulte, l'aider à gérer lui-même son apprentissage. Ses lacunes et ses points forts lui sont révélés, il est désormais dans de bonnes conditions pour progresser.

Le diagnostic (prise d'information continue), qui sert à réguler

Cette deuxième fonction de l'évaluation intervient tout au long du cursus de formation. Son rôle principal (tout comme en médecine) est d'analyser l'état d'un individu, à un moment donné, afin de porter un jugement sur cet état et de pouvoir, si besoin est, donner les moyens de remédier à un dysfonctionnement. Si un médecin ne cache pas son état à un patient, un enseignant fera de même, et le tandem enseignant/élève pourra ainsi progresser.

---

15. *Cf.* Lexique. 16. *Cf.* Chapitre 8.

Mais si un traitement adapté permet de guérir, remédier à l'état d'un élève à un moment donné de son apprentissage ne suffit pas. Si tel était le cas, cela signifierait qu'une connaissance acquise l'est pour toujours. L'enseignant sait qu'il n'en est rien. Chaque élève apprend à son propre rythme, avec ses propres démarches intellectuelles. Il construit intuitivement son cheminement vers l'acquisition, avançant souvent par paliers successifs, rarement de façon linéaire[17].

Sans chercher à tout évaluer, l'enseignant choisira, parmi les objectifs qu'il s'est fixés, ceux qui sont indispensables à la progression de l'élève et en vérifiera impérativement la maîtrise. Cette évaluation, en cours de formation, permettra à chacun de vérifier l'acquisition étape par étape. Elle justifiera une régulation de l'enseignement : revenir en arrière, reprendre, creuser, approfondir, changer de tactique... Elle donnera lieu à une réflexion personnelle de l'élève sur sa démarche d'apprentissage. C'est bien cette double rétroaction (l'élève prend conscience de ce qu'il doit faire pour progresser, l'enseignant repère les failles et régule ses démarches) qui correspond à l'esprit de l'évaluation formative : une aide à l'apprentissage et une amélioration des pratiques pédagogiques.

L'inventaire (prise d'information finale), qui sert souvent à certifier

La certification est, des trois fonctions de l'évaluation, celle que nous avons tous, un jour ou l'autre, expérimentée. Ce n'est cependant pas l'unique réalisation de la fonction inventaire.

L'inventaire intervient le plus souvent en fin de cursus de formation. S'il intervient en préalable à un nouveau cursus de formation, il peut prendre la forme d'une évaluation formative critériée : un bilan de la maîtrise des objectifs du cursus antérieur servant à la fois de pronostic pour le cursus suivant. S'il marque la fin réelle du cursus, il prendra la forme d'une évaluation sommative qui est, elle, le plus souvent certificative.

Dans les deux cas, il s'agit d'un bilan concernant le domaine cognitif, qui évalue les savoirs et les savoir-faire[18].

Le baccalauréat est l'exemple type de l'évaluation sommative-inventaire. La réussite ou l'échec aux épreuves de cet examen sanctionnent des savoirs et des savoir-faire accumulés sur un cursus de plusieurs années scolaires. Le diplôme certifie la valeur sociale de l'individu qui en est titulaire. La société reconnaît dans le lauréat celui qui a passé avec succès « l'épreuve », dans la première acception du terme : « ce que l'on impose à quelqu'un pour connaître sa valeur, sa capacité ». La réussite ouvre la porte d'un avenir professionnel et social.

---

17. D. Gaonach, *cf.* Bibliographie.

18. L'élève doit bien commencer par apprendre quelque chose ! Ce qu'il va apprendre, ce sont des savoirs (des connaissances sur la langue, de type linguistique), puis il va, à son rythme, organiser, trier, assimiler, s'approprier ces savoirs de façon à pouvoir en faire autre chose que de les réciter ou les garder en mémoire. Il saura en faire quelque chose, d'où ses savoir-faire.

Résumé : caractéristiques des trois fonctions de l'évaluation

Fonction principale	Pourquoi ?	Quoi ?	Quand ?	Qui ?	Caractéristiques	Fonctions annexes
PRONOSTIC	1. Pour prédire si l'élève est apte à apprendre	tester des aptitudes et des capacités	avant le cursus	l'élève	normative et souvent standardisée	informer situer
	2. Pour pouvoir orienter	vérifier les pré-requis et les acquisitions hors système scolaire	avant le cursus	l'élève	1re étape de l'évaluation formative (prise d'information)	classer motiver
	3. Pour pouvoir réajuster le cursus	vérifier les progrès	avant et après le cursus	l'élève	souvent standardisée	mesurer un écart
DIAGNOSTIC	Pour faciliter l'apprentissage et pour réguler l'enseignement	obtenir de l'information sur les difficultés rencontrées par l'élève et sur ses progrès	pendant le cursus	le professeur et l'élève	2e étape de l'évaluation formative (prise d'information), évaluation continue critériée	guider corriger remédier renforcer aider vérifier
INVENTAIRE	Pour mesurer le degré d'acquisition de l'élève sur un cycle complet	évaluer les connaissances, donner une certification socialement significative	à la fin du cursus	l'élève	3e étape de l'évaluation formative critériée ou évaluation sommative, normative	classer sanctionner

• Dans le **pronostic**, les numéros 1, 2 et 3 correspondent aux trois types de tests déjà évoqués : 1 pour les tests d'aptitudes cognitives ou psychotechniques, 2 pour les tests de niveau et 3 pour le mécanisme des pré-tests et des post-tests identiques, dont l'objet est de mesurer les écarts entre les connaissances de début d'apprentissage et celles acquises à la fin du cursus.

• Pour le **diagnostic**, l'évaluation, conçue dans un esprit formatif, est critériée. Elle permet de déterminer s'il est temps de passer à un autre objectif d'apprentissage ou s'il faut s'attarder sur celui qui vient d'être évalué. Les élèves ne sont pas comparés les uns aux autres. La fonction diagnostic est pédagogique, elle débouche sur des constats qui autorisent des réajustements, des corrections. Elle éclaire l'évaluation. Les épreuves sont élaborées par l'enseignant, selon les objectifs dont il souhaite vérifier la maîtrise et en fonction des critères qu'il a lui-même définis.

• Les épreuves de **l'inventaire** sont généralement élaborées par l'institution ou par un groupe d'enseignants spécialisés dans cette fonction. Elles sont normatives (sans réelle valeur pédagogique), sommatives et si possible standardisées.

L'évaluation, on le voit, est un acte d'enseignement qui ne peut se contenter d'une simple routine de contrôle (« Prenez une feuille... interrogation écrite ! »). Cet acte, qui peut avoir des conséquences importantes sur l'avenir social de l'individu évalué, engage entièrement la responsabilité professionnelle de l'enseignant.

Les chevauchements des concepts

Les indications présentées dans le tableau précédent doivent être modérées. Comme on le croit trop souvent, l'évaluation formative n'est pas toujours antinomique d'une évaluation sommative. Certaines questions proposées dans les épreuves diagnostiques peuvent – et parfois doivent être – de type sommatif. Les catégories utilisées ne s'excluent pas mutuellement. Une évaluation finale (baccalauréat) peut devenir initiale (dossier d'entrée dans un établissement d'enseignement supérieur). Une évaluation formative peut être tour à tour prédictive, diagnostique ou de type inventaire. Tout dépend **toujours** des objectifs que s'est fixés l'enseignant et des critères qu'il applique.

◗ Relations évaluation / objectifs : la pédagogie par objectifs (1re génération)

La pédagogie par objectifs (PPO) est née dans les années 1960 aux États-Unis, à partir des thèses behavioristes (comportementalisme en français). Ce sont les travaux de Bloom[19] qui l'ont fait connaître en France. Elle concernait essentiellement, à l'origine, l'enseignement technique et stipulait que l'apprentissage passait par une modification du comportement, que l'on pouvait obtenir en découpant la matière à enseigner en unités courtes d'apprentissage, acquises par un processus de « stimulus-réponse-répétition-renforcement » qui permet d'observer ce comportement. Ces thèses, qui ont abouti à des dérives telles que l'emploi abusif des exercices structuraux[20], ont été assez rapidement sinon abandonnées, du moins largement adaptées.

La décomposition d'un objet d'apprentissage complexe en différents éléments simples afin d'en faciliter l'enseignement a ses inconditionnels et ses détracteurs, l'objet de l'apprentissage ne pouvant être découpé à l'infini en unités courtes.

L'analyse par objectifs, dérivée de la PPO et appliquée à l'éducation, a permis de clarifier l'ensemble du système éducatif, depuis les finalités attribuées à l'enseignement jusqu'à l'évaluation de celui-ci.

Actuellement, les textes officiels se réfèrent toujours aux principes de base de l'analyse par objectifs et définissent précisément l'ensemble des éléments présentés ci-après, dans une approche systémique, où la formulation d'objectifs permet d'optimiser l'enseignement et l'apprentissage, et donc l'évaluation des acquis, dans tous les domaines.

Le schéma s'avère toujours le même et il peut être appliqué à tout type de formation.

---

19. Voir p. 26 et suivantes.
20. *Cf.* Lexique.

Finalités
↓
Buts
↓
Description
↓
Objectifs généraux
↓
Objectifs spécifiques
↓
Objectifs opérationnels

• **Finalités** de l'enseignement des langues vivantes : on les trouve dans les discours et les textes officiels. Les finalités énoncent des principes idéaux, liés à des valeurs politiques, sociales, morales. Dans le cas de l'enseignement des langues, ce pourrait être, par exemple : « Améliorer la compréhension et la communication entre les peuples. »

• **Buts** : ils définissent, de façon générale, les intentions poursuivies. En langues vivantes, il s'agira de la conception du programme.

• **Description** : il s'agit ici de la description du programme d'enseignement, total ou partiel, énoncé sous la forme d'une énumération de savoirs et de savoir-faire.

• **Objectifs généraux** : dans l'enseignement des langues, ils sont centrés sur l'élève et indiquent, en termes de capacités, les résultats escomptés à la fin du cursus, de la séquence ou de l'unité de cours. Exemple d'objectif général : « Être capable de participer à un débat, en prenant la parole, argumentant, réfutant les arguments des autres participants, défendant son point de vue, reformulant. »

• **Objectifs spécifiques** : toujours centrés sur l'élève, ils affinent l'objectif général en le démultipliant en autant d'objectifs spécifiques à faire acquérir. Par exemple : « À la fin de cette séquence d'apprentissage, l'élève sera capable de se présenter en disant qui il est et ce qu'il fait. »

• **Objectifs opérationnels** : on les appelle parfois « objectifs spécifiques opérationnels » car ils sont choisis parmi les objectifs spécifiques comme étant ceux qu'il est absolument nécessaire de faire acquérir avant de passer à un objectif ultérieur. Ces objectifs particuliers sont ceux qui vont être opérationnalisés, c'est-à-dire formulés de telle façon qu'ils soient évaluables.

Comment rendre évaluable un objectif opérationnel ?

Un objectif opérationnel bien formulé est directement évaluable.

Pour cela, selon R. Mager[21], puis D. Hameline[22], quatre principes doivent être respectés.

• **L'univocité** : rien ne doit être équivoque dans la formulation de l'objectif. Si deux enseignants ont le même objectif, ils doivent en attendre tous deux les mêmes résultats. À terme, la consigne de l'activité d'évaluation doit également pouvoir être comprise de la même façon par tous.

Exemples

– Objectif : *Être capable d'apprécier un document écrit à sa juste valeur*. L'objectif n'est pas opérationnel, il n'est pas évaluable. « Apprécier » n'est pas mesurable. La « juste valeur » non plus.

– Objectif : *Être capable d'analyser point par point, en utilisant la méthode d'analyse en quatre points étudiée en classe, un document écrit*. L'objectif est opérationnel : la méthode d'analyse a été étudiée et doit être reproduite. Il est évaluable : les quatre points doivent être présents dans l'analyse.

• **Le comportement observable (la performance)** : l'objectif opérationnel se décline sous la forme de verbes d'action qui permettent d'observer le comportement (performance) de l'élève. Les verbes « mentalistes » du type « connaître, savoir, saisir l'importance de... » sont à proscrire. Le verbe d'action a l'élève pour sujet.

Exemples

– Objectif : *L'élève devra savoir faire la différence entre des énoncés en langue familière, standard, soutenue*. L'objectif n'est pas opérationnel : savoir faire la différence n'est pas observable.

– Objectif : *L'élève devra pouvoir souligner, dans un dialogue écrit, les phrases en langue familière et encadrer les phrases en langue soutenue*. L'objectif est opérationnel : souligner et encadrer sont observables, les traits tracés et les cadres, s'ils sont bien placés, permettent de visualiser la performance. De même, les croix dans des cases à cocher constituent une réalité observable. La croix est présente ou absente, elle se trouve, ou non, dans la bonne colonne.

• **Les conditions** : elles seront formulées clairement. Par exemple : durée vingt-cinq minutes ; supports autorisés : avec l'aide d'un dictionnaire, etc. Le temps

21. Les travaux de Mager portent sur la formulation des objectifs. L'objectif premier est de nommer un « objet », c'est-à-dire ce que le formateur veut faire apprendre par le biais de verbes d'action qui vont déterminer quelle action est attendue, quelles sont les conditions de cette action, le temps de l'action, les critères qui servent à évaluer ce qui a été acquis ; la cible étant l'objectif global.
22. *Cf.* Bibliographie.

imparti est suffisant si la grande majorité des élèves terminent la tâche demandée à temps.

• **Les critères :** précis et communiqués à l'élève afin qu'il connaisse les conditions de l'évaluation, ils sont définis par l'enseignant, en fonction de l'objectif opérationnel. Il peut s'agir de critères d'acceptabilité de la performance, mettant l'accent soit sur les savoirs de type linguistique (bon usage des structures, de la morphosyntaxe et du lexique), soit sur les savoir-faire de type communicatifs (réalisation plus ou moins correcte d'un acte de langage). Pour une question simple, de type linguistique, qui ne fait appel qu'à la mémoire, l'enseignant pourra préciser le seuil d'acceptabilité : 95 % de réponses correctes. Pour une question qui fait appel à des mécanismes intellectuels plus complexes, le seuil d'acceptabilité prouvant que la compétence est acquise peut baisser à 70, 80 ou 90 %.

La représentativité

Pour être représentatif de l'enseignement, le nombre d'objectifs opérationnels doit être limité et correspondre à la séquence d'apprentissage. C'est à l'enseignant qu'il revient de choisir, parmi tous les objectifs spécifiques, ceux qu'il va opérationnaliser, en fonction de ses objectifs généraux et des buts définis pour cette séquence.

La validité

La validité est la qualité d'une activité d'évaluation qui fait que cette activité mesure exclusivement et exactement ce qu'elle est censée mesurer, ce pour quoi elle a été conçue. Les notions clés de la validité sont :

1. la mesure,
2. l'exclusivité,
3. l'exactitude.

L'exclusivité s'obtient lorsqu'il y a correspondance entre le contenu de l'activité d'évaluation et l'objectif opérationnel visé.

La mesure et l'exclusivité ne peuvent s'obtenir dans une activité d'évaluation conçue en classe, par un enseignant. Il entre dans ces deux notions une grande technicité. Nous verrons plus loin, au chapitre traitant de l'évaluation quantitative, comment faire en sorte qu'un outil d'évaluation devienne un véritable instrument de mesure des savoirs ou des savoir-faire.

La fidélité

La fidélité de la notation doit toujours être stable et constante quelles que soient les conditions de passation et de correction. Nous avons vu plus haut les problèmes liés à l'attribution de la note. Pour que la note soit « fidèle », représentative de la valeur de la performance, il est impératif que la correction soit entièrement objective. Cela ne peut arriver que lors de la correction de QCM (questionnaires à choix multiples) bien conçus pour lesquels l'intervention humaine n'est pas nécessaire : un scanneur peut lire une feuille de réponses à un QCM et comptabiliser le nombre de croix présentes dans les bonnes cases. C'est pourquoi la fidélité est liée à la validité.

Il est possible en revanche de tendre vers la fidélité de la note, en restreignant au maximum la subjectivité de l'évaluateur, que les activités d'évaluation concernent la production ou la réception, orale ou écrite.

Comment apprécier exactement la valeur d'un travail de synthèse, d'une création personnelle, d'un exposé sur un domaine complexe, toutes activités qui font appel aux capacités intellectuelles supérieures décrites par Benjamin Bloom (voir p. 26-27) ?

L'enseignant dispose pour cela de deux outils essentiels : une grille comportant des critères d'appréciation, accompagnée d'un barème chiffré et éventuellement pondéré.

On verra au chapitre 5 comment élaborer des grilles critériées et des barèmes de notation.

La grille de correction

La grille de correction comporte les critères à partir desquels la performance va être appréciée et évaluée.

Les descripteurs de compétence du *Cadre européen commun*, on le verra, permettent, en fonction des objectifs d'apprentissage, de choisir ces critères.

La grille permet également à différents correcteurs / évaluateurs de se référer aux mêmes critères, que la notation se fasse immédiatement après la production ou en différé, des jours, voire des années plus tard.

L'évalué doit pouvoir en prendre connaissance avant l'évaluation, de façon à comprendre sur quoi sa performance va être évaluée et donc à pouvoir agir en conséquence.

Le barème de notation

Il va attribuer un certain nombre de points à chaque critère. Le total de ces points est pondéré en fonction de l'importance qu'on leur attribue. Le barème est ainsi indissociable de la grille critériée.

Pour conclure sur ce point, voici trois exemples d'objectifs opérationnels complets et directement évaluables.

1. *À la fin de cette séquence d'apprentissage, après avoir entendu deux fois un enregistrement laissé sur un répondeur téléphonique, l'élève devra être capable, en 15 minutes, de rédiger un message à l'attention d'un ami, rapportant au moins 80 % des informations contenues dans l'enregistrement.*

– L'objectif est clair, univoque.

– La performance est observable (une rédaction).
– Les conditions sont présentes (deux écoutes).
– Le critère d'acceptabilité est précisé (au moins 80 %).

La formulation de la consigne respectera les quatre principes de Hameline : *« Après avoir écouté deux fois un enregistrement laissé sur un répondeur téléphonique, rédigez un message à l'attention d'un(e) ami(e) en reprenant au moins quatre des cinq informations données. »*

2. *À la fin de cette séquence d'apprentissage, après avoir effectué trois activités de ce type en classe, l'élève sera capable d'écrire, en 10 minutes et sans s'aider de documents, une carte postale à un ami en respectant les contraintes suivantes :*
– présence de l'en-tête et de la signature ;
– une phrase sur son état de santé ;
– une phrase sur la météo ;
– une phrase sur les activités de la veille ;
– une phrase sur les prévisions pour le lendemain ;
– utilisation de trois temps de l'indicatif : présent, passé composé, futur simple ou futur progressif. Une erreur dans l'utilisation des temps sera tolérée.

Formulation de la consigne : *« Vous êtes en vacances, vous rédigez une carte postale à un(e) ami(e). Vous devez lui écrire une phrase sur votre état de santé ; une phrase sur la météo ; une phrase sur vos activités de la veille ; une phrase sur vos prévisions pour le lendemain et utiliser trois temps de l'indicatif : présent, passé composé, futur simple ou futur progressif. Une erreur dans l'utilisation des temps sera acceptée. »*

3. *« Après avoir lu ce document, vous mettrez une croix dans la colonne* Vrai *si l'affirmation proposée correspond aux informations données dans le texte, une croix dans la colonne* Faux *si l'affirmation est erronée, une croix dans la colonne* On ne peut pas dire *si l'information n'est pas dans le texte. Vous avez 10 minutes. »*

Risques et limites de l'opérationalisation

S'astreindre à formuler des objectifs opérationnels est un exercice rentable pour l'enseignant. Son travail d'évaluateur en est grandement facilité. Cependant, la rigueur et la précision ont des limites : à vouloir évaluer trop précisément les compétences, on court le risque de les atomiser en perdant de vue la compétence globale. Il est en effet assez facile de démultiplier les éléments à faire acquérir, jusqu'à obtenir des micro-capacités évaluables et mesurables à l'aide d'outils d'évaluation fermés[23]. Une performance positive accomplie sur une micro-capacité isolée n'est pas représentative du savoir-faire de l'élève, mais uniquement de son micro-savoir.

23. *Cf.* Les outils d'évaluation, dans le chapitre 8 p. 87.

Savoirs et savoir-faire : la taxonomie de Bloom et la trilogie de V. et G. de Landsheere

Les linguistes se sont penchés sur les éléments et les mécanismes qui entrent en jeu au tout début de l'apprentissage et tout du long de celui-ci.

Lorsqu'on débute l'apprentissage, il faut bien commencer par « apprendre quelque chose ». Ce « quelque chose » au début de l'apprentissage d'une langue, ce sera quelques « savoirs » (connaissances) sur la langue. Ce sont ces savoirs que l'apprenant va, à son rythme, organiser, manipuler, trier, assimiler, s'approprier, de façon à pouvoir produire des énoncés.

Benjamin Bloom[24] et son équipe ont, dans les années 1950, publié une taxonomie de ces mécanismes cognitifs. Les résultats de leur recherche continuent à faire référence et sont aussi pertinents aujourd'hui qu'à cette époque.

Bloom fait l'hypothèse que, dans le processus d'apprentissage, les capacités peuvent être mesurées sur une échelle allant des opérations mentales les plus simples aux plus complexes.

L'équipe a défini, dans un premier temps, trois domaines dans lesquels l'apprentissage peut s'effectuer : cognitif, psychomoteur et affectif. Dans le cadre de cet ouvrage, le domaine cognitif sera privilégié.

Dans la taxonomie de Bloom, six catégories sont identifiées. Chacune d'entre elles comporte des sous-catégories, hiérarchisées selon un niveau de difficulté des activités intellectuelles (voir tableau page suivante).

Il est intéressant de remarquer que les pédagogies traditionnelles font appel aux capacités intellectuelles inférieures, alors qu'en approche communicative l'apprentissage de la grammaire sollicite directement (dans les conceptualisations grammaticales par exemple), les capacités d'analyse, considérant que ce que l'apprenant découvre par lui-même n'a pas besoin de passer par une phase de mémorisation.

L'originalité de la trilogie de V. et G. de Landsheere[25] tient au fait que ces deux spécialistes visent directement une évaluation totalement intégrée à l'apprentissage. Ils reclassent les concepts de Bloom en trois objectifs qui, à court, moyen et long terme, permettent d'évaluer les acquis.

• **La maîtrise** : elle peut s'évaluer dans le court terme. Elle correspond aux niveaux inférieurs de « connaissance » et de « compréhension » définis par Bloom. Les activités d'évaluation, bien cadrées, ne demanderont à l'élève qu'un choix à

---

24. Bloom, B. S. et *al.*, *Taxonomie des objectifs pédagogiques*, tome 1, *Domaine cognitif* (*Taxonomy of educational objectives*, traduit de l'américain par Marcel Lavallée), Montréal, Éducation Nouvelle, 1969, 232 p.
25. De Landsheere, G., De Landsheere, V., *Définir les objectifs de l'éducation*, 5e éd. Paris, Presses universitaires de France, 1984, 340 p.

faire parmi un nombre limité de réponses prévisibles (questionnaires à choix multiples notamment).

Capacités intellectuelles supérieures **Expression**	6. L'évaluation[26]	avoir un esprit critique	apprécie, argumente, compare des idées, critique, choisit, déduit, évalue des éléments
	5. La synthèse	synthétiser	assemble, réunit, collecte des données, crée, développe, compose des éléments entre eux, reformule des idées
Capacités intellectuelles médianes **Transfert**	4. L'analyse	analyser	catégorise, compare, critique, distingue, examine, met en question des éléments de la langue
	3. L'application	appliquer	choisit, démontre, illustre, pratique, utilise l'information
Capacités intellectuelles inférieures **Maîtrise**	2. La compréhension	comprendre	classe, décrit, explique, discute, exprime, identifie, localise, sélectionne des éléments
	1. La connaissance	mémoriser	organise, recopie, répète, liste, apprend par cœur, reconnaît, retient, associe, reproduit des éléments de la langue

• **Le transfert :** cette capacité de transférer des maîtrises de connaissances à un champ d'application est essentielle dans le processus de l'apprentissage et de l'éducation en général. Elle est évaluée soit dans le moyen terme, en cours de cursus, soit dans le long terme, lorsque l'élève devra, dans sa vie d'adulte professionnelle ou sociale, utiliser des savoirs et des savoir-faire acquis en situation scolaire. En classe, l'évaluation des transferts sera critériée, les performances de l'élève devront être observables, mais elles ne seront pas tant mesurées qu'appréciées. Selon les niveaux définis par Bloom, le transfert recouvre les domaines compris entre les activités « d'analyse » et de « synthèse », et concernent donc les capacités intellectuelles médianes, voire supérieures.

• **L'expression :** elle touche les niveaux supérieurs, les mécanismes intellectuels complexes. La performance attendue de l'élève n'est plus du tout aussi prévisible. La tâche dont la réalisation est demandée fait non seulement appel aux savoirs et aux savoir-faire acquis, mais également à la personnalité de chaque individu, à sa propre créativité. Elle est appréciable selon divers critères abordés plus loin. C'est sur le long terme que l'on peut juger de la capacité à s'exprimer et à créer.

26. Pour ne pas introduire de confusion entre notre sujet et ce terme, nous appellerons cette dernière catégorie « esprit critique », puisqu'il ne s'agit pas à proprement parler d'évaluation mais de la capacité à porter un regard à la fois analytique et critique sur une idée, un travail ou un document.

Compétence, performance, capacité et comportement observable

Mise au point terminologique.

La compétence et la capacité ne peuvent s'évaluer qu'à travers la performance. On ne peut affirmer leur existence qu'en les ayant évaluées positivement, par l'observation des comportements produits.

COMPÉTENCE

Ensemble intériorisé d'apprentissages non observables directement.

= ce que l'élève sait

LES SAVOIRS

Comment voit-on qu'il sait ?

Par sa performance, sa production de :

PERFORMANCE

ou

CAPACITÉ

Ressource à acquérir et à développer par l'apprentissage.

= ce que l'on veut faire acquérir

LES SAVOIR-FAIRE

Comment voit-on qu'il sait faire ?

Par sa performance, sa production de :

COMPORTEMENTS OBSERVABLES

Productions de l'élève qui indiquent que la compétence et la capacité sont acquises, sont en cours d'acquisition, ou ne sont pas encore acquises. Le comportement observable est l'indicateur d'acquisition de l'objectif opérationnel.

L'esprit de l'évaluation formative

L'enseignant qui cherchera à approfondir ses connaissances sur les objectifs pédagogiques en formation trouvera les références essentielles en bibliographie.

Évaluer à l'aide de la pratique des objectifs pédagogiques ne suffit pas à faire progresser l'élève. Ce sont les résultats de cette évaluation qui vont aider chacun, à l'intérieur du tandem enseignant / élève, à maîtriser son rôle. Le premier, en faisant son diagnostic, ne pourra ignorer les points forts et les lacunes du second, et ce dernier saura à tout moment où il en est, sur quelles connaissances s'appuyer pour continuer à progresser et quelle est l'étendue des efforts qui lui restent à accomplir pour atteindre l'objectif fixé.

Pour l'un comme pour l'autre, cette évaluation en cours de formation, cette évaluation formative, va être un appui, une aide. Elle ne sera plus une sanction, mais un outil utile à la construction de l'apprentissage.

Il s'agit bien ici d'une évaluation pédagogique, qui s'appuie sur:
– le résultat des recherches en linguistique appliquée: l'analyse par objectifs;
– une démarche didactique conséquente: une approche communicative et actionnelle de la langue;
– une réflexion concernant les différents processus d'acquisition des élèves[27].

L'analyse par objectifs appliquée au Cadre européen commun de référence pour les langues

Examinons maintenant comment les auteurs du *Cadre européen commun* définissent les paramètres de l'analyse par objectifs.

• **Finalités**[28] du *Cadre européen commun de référence pour les langues, apprendre, enseigner, évaluer*. Il s'agit de principes énoncés dans le préambule de la Recommandation R (82) 18 du Comité des ministres du Conseil de l'Europe considérant que:

– le riche patrimoine que représente la diversité linguistique et culturelle en Europe constitue une ressource commune précieuse qu'il convient de sauvegarder et de développer [...] afin qu'au lieu d'être un obstacle à la communication, elle devienne une source d'enrichissement et de compréhension réciproque;

– c'est seulement par une meilleure connaissance des langues vivantes européennes que l'on parviendra à faciliter la communication et les échanges entre Européens de langue maternelle différente et, partant, à favoriser la mobilité, la compréhension réciproque et la coopération en Europe et à éliminer les préjugés et la discrimination.

• **Buts**[29]. Ils sont énoncés sous forme de mesures générales visant à:

– faire en sorte que toutes les catégories de la population disposent effectivement des moyens d'acquérir une connaissance des langues des autres États membres (ou d'autres communautés au sein de leur propre pays) [...] afin de:
 - faire face aux situations de la vie quotidienne dans un autre pays et d'aider des étrangers séjournant dans leur propre pays à y faire face;
 - échanger des informations et des idées avec des jeunes et des adultes parlant une autre langue [...];

27. D. Gaonac'h, *cf.* Bibliographie. Il s'agit d'une description des processus d'acquisition et des situations d'acquisition chez l'enfant et l'adulte. On y trouve également une étude particulière sur les acquisitions dans l'approche communicative. Voir aussi P. Bogaards, *Aptitude et affectivité dans l'apprentissage des langues étrangères*, Paris, Crédif-Hatier, coll. « LAL », 1988.
28. *Cadre européen commun*, p. 10.
29. *Id.*

- comprendre le mode de vie et la mentalité d'autres peuples et leur patrimoine culturel ;

– promouvoir, encourager et appuyer les efforts des enseignants et des apprenants qui, à tous les niveaux, tendent à appliquer les principes de systèmes d'apprentissage des langues [...] :

- en fondant l'apprentissage des langues sur les besoins, les motivations, les caractéristiques et les ressources de l'apprenant ;
- en définissant, avec un maximum de précision, des objectifs valables et réalistes ;
- en élaborant des méthodes et des matériels appropriés ;
- en mettant au point des modalités et des instruments permettant l'évaluation des programmes d'apprentissage.

• **Description**[30]. Il s'agit d'une définition de l'ouvrage, le présentant comme :

– une base commune pour l'élaboration de programmes de langues vivantes, de référentiels, d'examens, de manuels, etc. ;

– une description exhaustive de ce que l'apprenant doit connaître afin de pouvoir communiquer ;

– une énumération des connaissances et des habiletés à acquérir ;

– une définition et une présentation taxonomique des niveaux de compétence permettant de mesurer le progrès de l'apprentissage à tout moment.

• **Objectifs généraux**[31]. Ils sont politiques :

– outiller tous les Européens pour les défis de la mobilité internationale et d'une coopération en éducation, culture, sciences, commerce et industrie ;

– promouvoir compréhension et tolérance mutuelles, respect des identités et de la diversité culturelle ;

– promouvoir l'apprentissage tout au long de la vie ;

– éviter la marginalisation de ceux qui ne possèdent pas les capacités pour communiquer.

• **Objectifs spécifiques**[32]. Ils décrivent les utilisations du *Cadre européen commun* :

– élaborer des programmes d'apprentissage qui prennent en compte les savoirs antérieurs (notamment dans les systèmes scolaires, le passage du primaire au secondaire puis à l'enseignement supérieur) ;

– organiser une certification en langues à partir d'examens définis en termes de contenus, de critères d'appréciation formulés en termes de résultats positifs ;

– mettre en place un apprentissage autodirigé consistant à développer chez l'apprenant la prise de conscience de l'état de ses compétences, l'habituer à se fixer des objectifs réalistes, lui apprendre à choisir son matériel d'apprentissage et l'entraîner à l'auto-évaluation.

---

30. *Id.*, p. 9. 31. *Id.*, p. 10. 32. *Id.*, p. 12.

• **Objectifs opérationnels.** Au niveau du *Cadre européen commun*, il n'existe pas d'objectifs opérationnels directement évaluables. On verra, dans les chapitres suivants, comment traiter l'évaluation à partir des éléments essentiels fournis par ce désormais incontournable ouvrage du Conseil de l'Europe.

LA MESURE QUANTITATIVE DES COMPÉTENCES LANGAGIÈRES DANS LES EXAMENS DE LANGUE

La psychométrie au service de la mesure des compétences

L'évaluation en langue est devenue un marché économique important[33]. De nombreux organismes et institutions élaborent aujourd'hui des « tests » de langue. Ces tests sont payants. La vitesse à laquelle ils se développent montre l'importance que le public leur accorde.

Le mot « test », apparu en 1895, désigne une épreuve de mesure, de vérification. Pichot[34] le définit ainsi : « Situation standardisée servant de stimulus à un comportement qui est évalué par la comparaison avec celui d'individus placés dans la même situation, afin de classer le sujet, soit quantitativement, soit typologiquement. » Gilbert de Landsheere[35] ajoute : « Pour mériter le nom de test, un examen doit être standardisé, fidèle, valide et étalonné. »

La **standardisation** vise à rendre les conditions de passation comparables d'une session à une autre et porte sur le matériel du test, la situation de passation, les consignes et les modalités de correction. L'**étalonnage** fait d'un test un instrument de mesure qui permet de situer un individu par rapport aux autres.

La **sensibilité** ou finesse discriminative est une qualité du test qui renvoie à son pouvoir classant : mettre en évidence des différences, même faibles, entre les individus. Par la suite, il est nécessaire de s'assurer que les différences observées sont stables : c'est ce qu'on nomme la **fidélité** du test. On ne s'intéresse à la troisième qualité, la validité, que si le test est fidèle : un test ne peut pas être valide s'il n'est pas fidèle. La **validité** est la qualité qui fait qu'un test mesure bien ce qu'il est censé mesurer.

Recourir à la technicité permet d'accroître l'objectivité de l'évaluation, d'automatiser le traitement des réponses aux questions et d'en simplifier l'usage.

33. À titre indicatif, chaque année, plus d'un million de candidats passent les tests et les diplômes de l'université de Cambridge. Le TCF, lancé en janvier 2002, a été présenté, trois ans plus tard, par plus de 80 000 candidats.
34. in *Dictionnaire de l'évaluation et de la recherche en éducation*, p. 295 (*cf.* Bibliographie).
35. *Id.*

Les évaluations nationales (Direction de l'évaluation et de la prospective du ministère de l'Éducation nationale) en fin d'école primaire, en classe de sixième et de seconde appliquent des procédures psychométriques, sans lesquelles une véritable évaluation d'une grande population est impossible. On le voit, l'évaluation en langues se dirige vers une grande technicité, seule garante de la comparabilité des qualifications.

Dans les cursus scolaires actuels, il n'existe, sauf exception[36], aucune validation à reconnaissance internationale du niveau de compétence en langues. L'épreuve de langue du diplôme de fin d'études (brevet ou baccalauréat) ne met aucunement en évidence les expériences linguistiques. Bien souvent, cette épreuve évalue essentiellement la maîtrise de la connaissance des œuvres littéraires au programme. L'Europe disposant désormais de standards linguistiques, il est à souhaiter que l'avenir des tests de langues, de même que la validation des acquis, prenne place au sein des systèmes éducatifs et des cursus scolaires.

Permettre aux élèves de quitter le système scolaire munis d'une certification monnayable sur le marché du travail serait la réponse de la technicité à l'un des défis posés par la mobilité.

Mettre cette technicité au service des individus permettrait de leur fournir des certifications fiables et de s'assurer qu'ils disposent d'une réelle capacité de communication et d'échanges.

36. L'introduction des certifications internationales dans le système scolaire a été initiée par le ministère italien de l'Éducation en 2000. Cette tendance se développe aujourd'hui dans certains pays, en particulier en Europe.

Chapitre 2

Le Cadre européen commun de référence pour les langues : apprendre, enseigner, évaluer. Les référentiels de niveaux

LE CADRE EUROPÉEN COMMUN DE RÉFÉRENCE POUR LES LANGUES

93 % des parents pensent qu'il est important que leurs enfants apprennent d'autres langues.
72 % pensent que connaître des langues étrangères leur est / serait utile.
71 % considèrent que tout le monde devrait être capable de parler une langue en plus de sa langue maternelle.
53 % disent qu'ils connaissent au moins une langue en plus de leur langue maternelle.
26 % disent qu'ils connaissent deux langues étrangères.

Rapport *Eurobaromètre* n° 54 spécial, « Les Européens et les langues ».

COMMENT DÉFINIR LE CADRE EUROPÉEN COMMUN DE RÉFÉRENCE POUR LES LANGUES ?

On peut le définir par ses trois sous-titres.

• **Apprendre** : le *Cadre européen commun* a été créé afin de pouvoir établir, pour toutes les langues et pour tous les apprenants, les éléments communs à atteindre au cours de chacune des étapes de l'apprentissage. Il permet ainsi à chacun de définir précisément ses objectifs d'apprentissage, de savoir quel niveau de compétence il souhaite maîtriser, et cela dans chacune des compétences langagières. Le *Cadre européen commun* décrit également les différentes opérations à mettre en œuvre pour maîtriser ces éléments.

• **Enseigner**: le *Cadre européen commun* définit **six niveaux de compétences en langue, allant de A1 (utilisateur élémentaire, à C2, utilisateur expérimenté)**. C'est là l'élément essentiel de l'ouvrage, car cette notion, en limitant le nombre de niveaux, fait disparaître les nombreuses et approximatives appellations utilisées jusqu'à présent dans les différents systèmes éducatifs et dans les centres de langues pour organiser les programmes et les cours de langues ainsi que pour évaluer le niveau d'un étudiant (grand débutant, faux débutant, moyen, supérieur, avancé, niveau 1, 2, 3, voire 4, etc.). Le *Cadre européen commun* décrit, de façon quasi exhaustive, ce que recouvrent ces niveaux de compétences en termes de capacité: à tel niveau, « la personne est capable de... » ; il détaille les compétences langagières en production et en réception orale et écrite, ainsi qu'en interaction, de même que les situations et les domaines (personnel, public, professionnel, éducationnel) dans lesquels une langue étrangère est utilisée.

• **Évaluer**: la possibilité de se référer, pour toutes les langues, aux mêmes six niveaux de compétences offre l'immense avantage de pouvoir comparer entre eux les résultats des évaluations en langue (évaluation sommative: diplômes, certificats ou évaluation formative). Le *Cadre européen commun* décrit également les aspects qualitatifs de l'utilisation de la langue comme autant de critères permettant d'évaluer son degré de maîtrise (étendue, correction, aisance, interaction, cohérence).

Les étudiants, les enseignants, les évaluateurs (concepteurs, examinateurs, jurys d'examen et correcteurs) peuvent trouver dans le *Cadre européen commun* la marche à suivre pour atteindre les objectifs d'apprentissage ou d'enseignement qu'ils se fixent. De même, les auteurs et les éditeurs de manuels de langues, les concepteurs de programme, les formateurs y trouveront un socle commun auquel se référer pour la rédaction de manuels et l'élaboration de cursus scolaires, en les rédigeant ou en les établissant par niveaux de référence, quelle que soit la langue à enseigner.

UN GROUPE D'EXPERTS

Au sein de la Division des politiques linguistiques du Conseil de l'Europe, dirigée par Joseph Sheils, le directeur de projet était le professeur John L. M. Trim, auteur du *Threshold Level*[1] (1975), qui a donné naissance, pour le français, au *Niveau seuil* (1976).

Citons également Daniel Coste, à qui l'on doit le *Niveau seuil* français (1976); Brian North, des Eurocentres, et Gunther Schneider, tous deux experts linguis-

1. On verra que le point de départ des six niveaux de référence est précisément le *Threshold Level*.

tes de l'université de Fribourg, à qui l'on doit l'élaboration et l'étalonnage des descripteurs de compétences langagières présents dans le *Cadre européen commun*.

Le *Cadre européen commun* est traduit et diffusé en dix-huit langues[2].

Après la parution de cet ouvrage, les chercheurs et les experts se sont attachés à rédiger des référentiels pour chaque niveau, c'est-à-dire à spécifier précisément, pour chaque langue, ce que recouvre chacun des six niveaux.

DES FINALITÉS GÉNÉREUSES

Le Conseil de l'Europe œuvre, dans tous ses programmes, à développer la compréhension réciproque des langues et des cultures. La finalité de ces actions est l'amélioration des relations entre les personnes, l'instauration d'un sentiment d'appartenance à une communauté plurilingue et multiculturelle, la création d'une citoyenneté européenne et la lutte contre la xénophobie et la discrimination.

Sur les 6000 langues parlées dans le monde, plus d'une centaine sont actuellement parlées en Europe. Cette diversité linguistique et culturelle, si elle est une richesse extraordinaire, ne doit pas constituer un obstacle à la communication.

En élaborant un *Cadre européen commun de référence* et en y définissant six niveaux de compétence en langues, le Conseil de l'Europe propose aux systèmes éducatifs un dispositif cohérent et transparent qui vise à améliorer la communication. Par la reconnaissance mutuelle des compétences, il facilite la mobilité et les échanges de toutes sortes entre les différents pays. De nombreux accords et recommandations ont été signés par les différents États membres afin de mettre en œuvre ces principes.

NI PRESCRIPTIF NI DOGMATIQUE

Le *Cadre européen commun de référence* (CECR) n'est pas prescriptif : il n'a pas la prétention d'imposer une quelconque méthodologie d'enseignement ni de prescrire des objectifs à atteindre.

Les auteurs sont clairs : « Il ne s'agit aucunement de dicter aux praticiens ce qu'ils ont à faire et comment le faire. » [*CECR*, p. 4]

2. Allemand, anglais, basque, catalan, espagnol, finlandais, français, galicien, géorgien, hongrois, italien, japonais, polonais, portugais, moldave, russe, serbe et tchèque. D'autres traductions sont actuellement en cours.

Le *Cadre européen commun* n'est pas non plus dogmatique : il ne privilégie aucune des théories liées aux méthodologies de l'enseignement et ne se rattache nullement à un système unique même s'il se situe dans une perspective privilégiée, de type actionnelle.

Le *Cadre européen commun* souhaite uniquement apporter aux apprenants et aux enseignants de la clarté et de la cohérence dans l'apprentissage, l'enseignement et l'évaluation de la maîtrise des langues, en définissant, expliquant et hiérarchisant de façon claire et précise les objectifs à atteindre dans chacune des compétences langagières, à chaque degré de l'échelle proposée en six niveaux.

D'UNE APPROCHE COMMUNICATIVE À UNE PERSPECTIVE ACTIONNELLE

L'évaluation des langues n'est plus dominée par l'évaluation des structures linguistiques placées hors de tout contexte. Depuis la publication du *Niveau seuil* en 1976, on cherche à évaluer la capacité des individus à être autonomes dans leur pratique de la langue, car c'est cette autonomie qui doit leur permettre de lier des relations avec les personnes dont ils apprennent la langue. Échanger des informations, donner son opinion, raconter ses expériences, convaincre, argumenter, nuancer sa pensée, autant d'actes de parole qui permettent de mieux comprendre les modes de vie, les cultures et les mentalités des autres peuples.

Le *Cadre européen commun de référence* a adopté les recherches des linguistes Canale et Swain (1981), ainsi que celles de Bachman (1990), et propose un modèle dit « actionnel », peu éloigné de l'approche dite « communicative », mais encore plus ciblé sur les actions que l'apprenant peut faire en langue cible.

Les apprenants et les enseignants connaissent bien, depuis les années 1970, ce que l'on appelle « l'approche communicative », qui met l'accent sur la communication entre les personnes et place l'apprenant au centre du processus d'apprentissage, le rendant actif, autonome et responsable de ses progrès. L'approche actionnelle, reprenant tous les concepts de l'approche communicative, y ajoute l'idée de « tâche » à accomplir dans les multiples contextes auxquels un apprenant va être confronté dans la vie sociale. Elle considère donc l'apprenant comme un « acteur social » qui sait mobiliser l'ensemble de ses compétences et de ses ressources (stratégiques, cognitives, verbales et non verbales) pour parvenir au résultat qu'il escompte : la réussite de la communication langagière.

Elle permet d'élaborer des évaluations qui traitent de la compétence langagière générale (interaction, production, réception, médiation), dans des domaines précis (personnel, public, éducationnel, professionnel), en réalisant des tâches communicatives dans des situations caractérisées par des lieux, des organismes, des acteurs, des objets, des événements.

UN APPRENTISSAGE ET UNE ÉVALUATION PORTANT SUR LA RÉALISATION DE TÂCHES COMMUNICATIVES

Dans la vie quotidienne, on effectue tous les jours de nombreuses tâches, grandes ou petites, dans tous les domaines. On passe un coup de téléphone à un ami pour prendre de ses nouvelles, raconter le film qu'on a vu la veille, l'inviter à dîner... (domaine personnel). On prend les transports en commun, on achète son billet, on va faire des démarches administratives dans une mairie, une poste, une banque, une préfecture... (domaine public). On se rend à son travail, on participe à une réunion pour faire le point sur l'état d'avancement d'une action, on rédige une note, un mémo, un cahier des charges pour un nouveau projet... (domaine professionnel). On prend rendez-vous avec un secrétariat d'université, on va suivre un cours de langue, on rend visite au professeur d'un de ses enfants, on discute en famille de la poursuite des études de l'un ou de l'autre... (domaine éducationnel).

Toutes ces tâches quotidiennes demandent de recourir au langage, oral ou écrit. On s'en acquitte sans y penser lorsque c'est dans sa propre langue, mais elles peuvent poser problème dès qu'il s'agit de les accomplir dans un pays étranger, dans une langue étrangère. Dans la pratique, en classe, une approche actionnelle sera basée sur des tâches que l'on demandera à l'apprenant de réaliser et que l'on pourra ensuite évaluer, en fonction de critères définis.

Il y a cependant une grande différence entre les tâches qu'un individu sera amené à effectuer au cours d'un voyage dans le pays dont il apprend la langue et celles que l'on pédagogise en classe afin d'en faire maîtriser la pratique et de pouvoir évaluer le degré de maîtrise.

En situation réelle dans le pays de la langue cible	En situation d'apprentissage ou d'évaluation en classe de langue
• On a parfois le temps de réfléchir à la tâche qu'on va effectuer et de penser aux stratégies que l'on va mettre en œuvre (par exemple, consulter un dictionnaire, regarder les horaires de train avant d'aller réserver son billet ou savoir lire un plan de métro ou d'autobus pour descendre à la bonne station). • La tâche n'est pas anodine : elle peut même être parfois vitale (savoir appeler un médecin ou un service d'urgence en cas de grave problème médical). • Pour mener la tâche à bien, on peut mettre en œuvre d'autres éléments que les moyens linguistiques dont on dispose (faire appel à quelqu'un qui peut me traduire ce que je ne comprends pas).	• On ne choisit pas la tâche que l'on va effectuer, c'est l'enseignant qui la choisit en fonction de ses objectifs. • On sait qu'on va être évalué sur la façon dont on effectue la tâche demandée. • On sait que l'enseignant attend de nous non seulement l'accomplissement de la tâche, mais également sa réalisation linguistique correcte. • Cependant, il n'y a aucun caractère « vital » : si on se trompe, on peut recommencer. • On peut toujours se faire aider, soit par l'enseignant, soit par un apprenant.

Dans le *Cadre européen commun*, chacun des six niveaux de compétence est défini en fonction de l'étendue et de la qualité des actes de communication que peut accomplir l'apprenant. Le niveau de compétence d'un apprenant sera ainsi défini en fonction du plus ou moins grand nombre de tâches qu'il réalise de façon linguistiquement et pragmatiquement correcte. Plus ce nombre sera grand, plus le niveau sera élevé.

Le *Cadre européen commun*[3] distingue différentes catégories de tâches selon :
– les domaines dans lesquels elles se trouvent (privé, public, éducationnel, professionnel) ;
– leur nature (langagière, créative, récréative, communicationnelle, d'apprentissage, de résolution de problèmes) ;
– leur complexité (de la plus simple à la plus complexe) ;
– le traitement de textes oraux ou écrits qui lui sont associés (explications orales ou modes d'emploi, consignes...) ;
– les stratégies qui doivent être mises en œuvre pour l'effectuer (exécution de la tâche, évitement, report, redéfinition, appel à l'aide...) ;
– leur type (tâches pédagogiques simulant la vie réelle : jeu de rôles, simulation, interactions diverses ; tâches méta-cognitives : échanges au sujet de la tâche à effectuer ; tâches d'évaluation : discussions sur les critères, par exemple sur le succès de l'exécution de la tâche – la réalisation de l'intention communicative –, mais aussi sur la performance linguistique, négociation entre le fond et la forme, entre l'aisance et la correction) ;
– les activités langagières qu'elles requièrent (production, réception, interaction, médiation, interprétation) ;
– l'évaluation qui leur est associée (sous forme de contrôle ou d'évaluation formative accompagnée de critères).

UNE IMPORTANCE TOUTE PARTICULIÈRE DONNÉE AUX STRATÉGIES

Le *Cadre européen commun*, dans une tentative d'explication exhaustive des éléments constitutifs de la compétence communicative, met particulièrement l'accent sur les diverses stratégies que nous mettons en œuvre pour l'accomplissement d'une tâche, ou pour faire en sorte que la communication soit réussie.

Les stratégies mises en œuvre pour qu'une communication soit réussie ne sont pas le propre de l'apprenant. Dans sa propre langue, il utilise également en permanence des stratégies communicatives pour se faire comprendre au mieux.

3. Voir *Le Cadre européen commun de référence*, p. 19, 46, 113, 121-127.

Pour l'oral comme pour l'écrit, le *Cadre européen commun* souligne ces différentes stratégies.

• **Production**[4]: la **planification** d'une production (sa préparation, son *adaptation*, voire sa répétition) ; son **exécution** (parfois la mise en œuvre de stratégies d'évitement ou de contournement, par exemple lorsqu'on paraphrase si on ne connaît pas le mot exact ; la **compensation**, en utilisant des expressions apprises par cœur ; l'**essai**, lorsqu'on se lance, quitte à se tromper ; son **évaluation** à chaud, lorsqu'on vérifie, dans le regard de l'autre, qu'il nous a bien compris ; la **remédiation** si la communication est mal passée, ou l'**autocorrection**, lorsqu'on relève soi-même ses erreurs et qu'on les corrige immédiatement).

Certaines de ces stratégies peuvent être évaluables, à condition de formuler clairement le critère d'évaluation. Des descripteurs sont d'ailleurs proposés dans le *Cadre européen commun* pour la compensation, le contrôle et la correction[5] et peuvent être utilisés à cet effet.

• **Réception**[6]: mieux connues des enseignants, elles concernent l'identification d'indices linguistiques et non linguistiques (photographies, illustrations, graphiques, tableaux...), puis la mise en place de déductions, d'hypothèses sur le sens, qui seront ensuite confirmées ou infirmées par de nouveaux indices. Ici aussi, la **planification** a un rôle (ne choisir que des textes accessibles sur des sujets familiers) ; l'**exécution** va consister à rechercher et identifier les indices porteurs de sens et à en tirer des déductions ; l'**évaluation** de cette compréhension se fera par la vérification des hypothèses et la **remédiation** permettra de revenir sur le sens pour réviser les hypothèses erronées.

Stratégies difficilement évaluables, elles disposent cependant de descripteurs. Le comportement intellectuel mis en œuvre dans la déduction et la vérification d'hypothèses n'est que peu observable. On peut éventuellement construire un questionnaire à choix multiples qui permet de vérifier l'extrapolation, à partir du contexte, de mots théoriquement inconnus à tel ou tel niveau de l'apprentissage, mais rien ne permet d'affirmer que ces mots ne font pas partie des connaissances de l'apprenant, qui peut les avoir acquis hors contexte scolaire.

• **Interaction**[7]: au cours de l'interaction sont mises en œuvre toutes les stratégies mobilisables pour la production et la réception. Se produisant le plus souvent en face à face, elle met également en jeu la communication non verbale, gestes et mimiques, paralinguistique. Les échanges étant le plus souvent spontanés, il est malaisé de les **planifier**. En revanche, au cours de l'**exécution** de l'interaction, il est possible de gérer les tours de parole, en mobilisant l'atten-

4. *Id.*, p. 53. 5. *Id.*, p. 54. 6. *Id.*, p. 59. 7. *Id.*, p. 69.

tion, en coopérant, en demandant de l'aide, en prenant l'initiative ou, au contraire, en laissant des silences s'installer à dessein. L'**évaluation** de l'interaction juge de ce qui se passe réellement par rapport aux intentions premières : l'interaction est-elle efficace et compréhensible ? Nécessite-t-elle des demandes de **clarification** ou une intervention extérieure permettant de **remédier** aux malentendus ?

L'évaluation de l'interaction est possible, mais si l'évaluateur est seul, elle demande soit une grande expérience, soit l'enregistrement des productions pour une évaluation différée.

• **Médiation**[8] : pendant les activités de médiation (interprétation, commentaires ou traductions réalisées pour un tiers), le travail du médiateur consiste à anticiper ce qui va se dire pour le reformuler suffisamment clairement. La **planification** consiste parfois à mobiliser ses savoirs antérieurs sur le sujet traité, à préparer éventuellement un glossaire des termes à utiliser, et surtout à prendre en compte les besoins des personnes en présence. L'**exécution** met en œuvre les stratégies de contournement et d'évitement décrites ci-dessus. L'**évaluation**, à l'oral comme à l'écrit, doit être permanente, elle consiste à vérifier la cohérence des productions et à y **remédier** éventuellement en consultant soit des experts du sujet, soit des ouvrages de référence.

L'évaluation de la médiation se fera en différé, soit à l'aide de l'enregistrement des productions orales, soit en consultant l'adéquation des productions écrites.

La communication non verbale[9] est également décrite dans tous ses aspects. Son utilisation et ses significations varient selon les pays et les communautés. On ne peut donc l'enseigner et l'évaluer dans l'absolu. Certains éléments peuvent cependant être pris en compte. Le *Cadre européen commun* décrit les gestes et les actions (désignation d'un objet, du doigt ou de la main), les démonstrations (« regarde comment je fais ») ; le comportement paralinguistique (le langage du corps et du regard, l'utilisation d'onomatopées, la qualité de la voix et du ton utilisés) ainsi que les éléments paratextuels dans les écrits (l'illustration par des dessins, des photographies, des schémas et la signification de la typographie, comme les mots en italique, les soulignements, les différentes polices et les corps de caractères).

L'évaluation de la communication non verbale est essentielle et, en tant que telle, doit toujours être prise en compte dans l'évaluation de la production.

8. *Id.*, p. 72.
9. *Id.*, p. 72-73.

DES POINTS FAIBLES ?

Chacun, en fonction de ses attentes, peut en trouver. Le *Cadre européen commun* n'est heureusement pas figé, il est adaptable, « ouvert, souple, à usages multiples » et, ses auteurs le précisent, « il sera en constante évolution en fonction des *feed-back* apportés par ses utilisateurs ». À vous de réagir donc. Pour ma part, je relèverai, à l'instar de certains lecteurs[10], une faiblesse dans les descripteurs concernant les aspects socioculturels et sociolinguistiques. Le chapitre traitant des compétences de l'utilisateur / apprenant en répertorie pourtant seize répartis sur les six niveaux, sous le titre « Correction sociolinguistique ». Les descripteurs des niveaux avancés sont difficilement évaluables, car les verbes utilisés pour les formuler ne sont pas des verbes d'action : « a conscience de », « apprécie », « tient compte de », « est conscient de » ne sont pas directement observables.

Exemple au niveau C2 : *« Apprécie complètement les implications sociolinguistiques et socioculturelles de la langue utilisée par les locuteurs natifs et peut réagir en conséquence. »*

Exemple au niveau B1 : *« Est conscient des différences les plus significatives entre les coutumes, les usages, les attitudes, les valeurs et les croyances qui prévalent dans la communauté concernée et celle de sa propre communauté et en recherche les indices. »*

Ce même chapitre traite sommairement du « savoir-être », tant décrié par certains. Je renvoie les lecteurs à l'article de Francis Debyser, en annexe p. 197 : « Éloge du savoir-vivre... et pour tordre le cou au savoir-être ».

Enfin, il aurait été intéressant de trouver, à mon sens, une mention sur la spécificité de la langue des signes. Son enseignement, son apprentissage et l'évaluation des acquis ont pourtant fait l'objet d'une recherche, appuyée sur le *Cadre européen commun*, publiée par le ministère de l'Éducation nationale. J'y renvoie également le lecteur : http://www.education.gouv.fr/presse/2002/signedp.htm

L'ORIGINE DES SIX NIVEAUX DE COMPÉTENCE EN LANGUE

Le premier de ces niveaux a été défini en 1975 pour l'apprentissage de l'anglais par le professeur John Trim. Il s'agissait du *Threshold Level*[11] – (en français, *Un niveau seuil*[12]).

10. G. Zarate, « Définitions, objectifs et évaluation de la compétence socioculturelle », *Le français dans le monde*, juillet 1998.
11. J. L. M. Trim, *Threshold Level*, Cambridge University Press (CUP), 1976.
12. D. Coste, *Un niveau seuil*, Paris, Hatier, 1976.

Lorsqu'il maîtrise les compétences décrites pour ce niveau, l'apprenant parvient à un « seuil » de communication. Selon la définition de John Trim, il est alors **capable de se débrouiller en voyage dans le pays de la langue cible, dans toutes les situations de la vie quotidienne et – surtout – de lier des relations avec autrui, en échangeant des informations et des idées.**

		Threshold Level, 1975 *Niveau seuil*, 1976			

L'apport essentiel du *Niveau seuil* a été de définir une approche « notionnelle / fonctionnelle », à l'origine de l'approche actionnelle prônée aujourd'hui par le *Cadre européen commun*.

Cependant, le « seuil » défini s'est avéré être d'un niveau assez élevé et méritait qu'on se penche sur les apprentissages antérieurs nécessaires à son acquisition. Un niveau inférieur (*Waystage Level*), puis un niveau supérieur (*Vantage Level*) ont été réalisés pour répondre à la demande des organismes de formation et des enseignants.

	Waystage Level, 1991[13]	*Threshold Level*, 1975 *Niveau seuil*, 1976	*Vantage Level*, 2000[14]		

Le niveau de compétences pour les débutants a ensuite été réalisé, toujours pour l'anglais. Il offre l'avantage de proposer un objectif réaliste d'apprentissage pouvant être effectué lors d'une formation courte (entre 60 et 100 heures selon la langue maternelle). Il permet, en offrant une évaluation, voire une certification, de motiver et de fidéliser les apprenants.

Breakthrough Level	*Waystage Level*, 1991[15]	*Threshold Level*, 1975 *Niveau seuil*, 1976	*Vantage Level*, 2000[16]		

Les deux niveaux suivants concernent une maîtrise efficace de la langue, qui permet une communication aisée et spontanée : « *efficiency* / autonome » et « *mastery* / maîtrise ».

13. J. L. M. Trim, *Waystage Level*, Cambridge University Press (CUP), 1991.
14. J. L. M. Trim, *Vantage Level*, Cambridge University Press (CUP), 2000.
15. J. L. M. Trim, *Waystage Level op. cit.*
16. J. L. M. Trim, *Vantage Level op. cit.*

Breakthrough Level, Découverte	*Waystage Level*, 1991[17] Survie	*Threshold Level*, 1975 *Niveau seuil*, 1976	*Vantage Level*, 2000[18] Avancé	*Efficiency* Autonome	*Mastery* Maîtrise

Pour des raisons de commodité et pour éviter les difficultés de traductions en différentes langues, les niveaux du Conseil de l'Europe portent désormais des chiffres et des lettres.

A1	A2	B1	B2	C1	C2
Utilisateur élémentaire		Utilisateur indépendant		Utilisateur expérimenté	

LE DÉLICAT PROBLÈME DU NIVEAU RÉEL DES NIVEAUX C

Les niveaux C et surtout le niveau C2 ne doivent en aucun cas être considérés comme étant ceux des locuteurs natifs. Inutile de revenir au fantasme du bilinguisme dénoncé plus haut.

Selon la définition de Brian North, le niveau C2 peut être atteint par tout étudiant ayant brillamment réussi son apprentissage de la langue. Il constitue ainsi le niveau maximal que peuvent se fixer les organismes de formation et les concepteurs de certifications officielles.

Les institutions qui souhaiteraient évaluer un niveau professionnel encore plus élevé (par exemple les écoles d'interprétation / traduction) peuvent développer des cursus de formation sur compétences partielles (médiation à un haut niveau, interprétation simultanée, etc.) ou des certifications de niveau supérieur à C2, en considérant ce niveau C2 comme un pré-requis.

LES COMPÉTENCES DES APPRENANTS

Trois tableaux de référence décrivent les compétences des apprenants.

• Une présentation globale simplifiée (tableau 1, p. 25 du *Cadre européen*) résume les compétences globales (production et réception) à chacun des six niveaux. Cette présentation synthétique est utile mais insuffisante et inutilisable en évaluation car les compétences ne sont pas observables.

17. J. L. M. Trim, *Waystage Level*, *op. cit.*
18. J. L. M. Trim, *Vantage Level*, *op. cit.*

• Une grille pour l'auto-évaluation (tableau 2, p. 26-27). Elle permet aux apprenants de situer leur niveau dans chacune des capacités langagières suivantes : écouter, lire, prendre part à une conversation, s'exprimer oralement en continu, écrire. Elle est remarquablement simple d'utilisation et ne peut qu'être recommandée à tous, pratiquement à tout âge. Elle est reprise dans les passeports des *Portfolios européens des langues*, traités plus loin.

• Le troisième tableau (3, p. 28) traite des aspects qualitatifs de l'utilisation de la langue parlée. Il caractérise les six niveaux en fonction de cinq critères classiques dans les grilles d'évaluation : l'étendue (les ressources lexicales et grammaticales de l'apprenant), la correction (la capacité de mobiliser correctement ces ressources), l'aisance (la construction du discours spontané), l'interaction (la capacité à communiquer en face à face sans problème) et la cohérence (la capacité à structurer son discours oral ou écrit).

DES SUBDIVISIONS POSSIBLES

Le *Cadre européen commun* insiste sur le fait que les niveaux ne sont pas figés une fois pour toutes. Leur grand avantage est que chaque niveau autorise une subdivision en fonction des publics cible et de leurs besoins.

En France, le niveau A1 a été ainsi subdivisé en deux niveaux : A1.1 et A1, pour les besoins des publics migrants, dans le cadre du contrat d'accueil et d'intégration. Ce contrat prescrit, à leur arrivée en France et en fonction de leurs besoins spécifiques, un certain nombre d'heures d'apprentissage du français, apprentissage sanctionné par un diplôme de niveau A1.1, le DILF, décrit au chapitre 9.

Au Royaume-Uni, les tests pour enfants débutent au niveau A1.1.

Le niveau A1.1 peut être considéré comme le niveau minimal évaluable.

UNE PRISE EN COMPTE DES COMPÉTENCES PARTIELLES

> Par « compétence partielle », il faut entendre, non pas la maîtrise partielle de l'une des compétences langagières, mais bien le niveau de maîtrise de l'une ou l'autre des compétences.

Un juriste, qui a besoin de consulter des ouvrages de droit en français, mais qui n'a que très peu l'occasion de parler, pourra privilégier l'apprentissage de la compréhension écrite (compétence passive) aux dépens de la production orale (compétence active). Un immigré, qui ne connaît pas le code écrit français, mais qui a besoin de pouvoir rapidement communiquer oralement pour ses démarches administratives ou de recherche d'emploi, s'attachera davantage à l'apprentissage du français parlé.

Ces deux personnes peuvent vouloir faire valider ces compétences, partielles, certes, mais acquises à un certain niveau de la langue.

Les évaluations formelles de compétences partielles, de type diplômes ou certifications, n'existent que peu actuellement, les institutions préférant valider un système global en évaluant au cours d'un même examen l'ensemble des compétences. C'est alors la moyenne des points obtenus qui permet ou non l'obtention du diplôme. Ce système, en vigueur encore aujourd'hui, n'est que peu représentatif des compétences réelles, la maîtrise d'une des compétences langagières occultant les lacunes dans les autres.

En revanche, le juriste et l'immigré, s'ils disposent d'un *Portfolio européen des langues*, pourront y rapporter le niveau de maîtrise de leurs compétences partielles, et leur donner ainsi une reconnaissance formelle.

DES CONTENUS FIABLES

Des méthodes d'analyses intuitives, qualitatives et quantitatives ont été combinées pour décrire les six niveaux de l'échelle.

L'échelle en six niveaux est liée à des référentiels de contenus, qui, sans prétendre être normatifs ou universels, permettent l'élaboration de programmes de formation ou de certifications comparables.

DES DESCRIPTEURS POUR CHACUN DES NIVEAUX

On doit la série des 514 descripteurs des capacités que peut atteindre n'importe quel apprenant de langues aux deux linguistes suisses cités au début de ce chapitre, Brian North[19] et Gunther Schneider.

Parallèlement, le groupe ALTE (Association des centres d'évaluation en langue en Europe) s'est attaché à développer des spécifications en termes de niveaux (seuils fonctionnels d'apprentissage) et de capacités (connus sous le nom de « Can-do »). Elles ont été ensuite ancrées sur les niveaux du *Cadre européen commun*. ALTE dispose cependant d'un cadre de référence particulier, centré sur les domaines suivants, qui ne sont pas toujours traités spécifiquement par le Conseil de l'Europe.

19. B. North, *The Development of a Commun Framework Scale of Language Proficiency*, PhD Thesis, Thames Valley University, New York, Peter Lang, 1996, rééd. 2000.

• **Vie sociale et tourisme**

– Sous-domaines : vie quotidienne, santé, voyages, urgences, tourisme, vie en société, médias / manifestations culturelles, relations personnelles à distance.

– Exemples d'activités : faire des achats, manger à l'extérieur, loger à l'hôtel, se soigner, recevoir des amis, etc.

• **Travail**

– Sous-domaines : services liés au travail, réunions et séminaires, présentations et démonstrations formelles, courrier, rapports, information au public, instructions et directives, téléphone.

– Exemples d'activités : écrire des télécopies, des courriels, trouver la bonne information dans un catalogue commercial, passer et recevoir des appels, etc.

• **Études**

– Sous-domaines : conférences, exposés, présentations et démonstrations, séminaires et travaux dirigés, manuels, articles, dissertations, comptes rendus, documentation, organisation des études.

– Exemples d'activités : faire un exposé, rassembler des informations, rédiger des comptes rendus, accéder à l'information à partir de l'ordinateur, etc.

Le cadre de ALTE comprend 400 descripteurs.

Pour décrire les six niveaux du *Cadre européen commun*, le projet de North et Schneider a été conduit en **quatre étapes**.

Il a consisté, dans un premier temps, à collecter l'ensemble des descripteurs disponibles et utilisés dans les centres de langues et à les classer en fonction des catégories du *Cadre européen commun* (**étape intuitive**). Plus de 2000 descripteurs différents ont ainsi été collectés.

Dans un second temps (**étape qualitative**), ces descripteurs ont été analysés (jugements portés sur leur clarté et leur pertinence) et triés selon leur degré de difficulté.

L'**étape quantitative** a consisté à faire évaluer des apprenants[20] sur une échelle de 0 à 4, par leurs enseignants, à l'aide des descripteurs sélectionnés, puis, à l'aide des résultats de l'évaluation, à calibrer ces descripteurs en leur appliquant un indice mathématique de difficulté (application du modèle de Rasch).

La dernière étape (**interprétation**) a permis d'identifier les seuils fonctionnels d'apprentissage, de produire les niveaux communs de référence, ainsi que l'échelle globale de compétence et la grille pour l'auto-évaluation citées plus haut. À l'issue de cette dernière étape, sur les 2000 descripteurs originellement collectés, seuls environ 500 ont été retenus (ceux du *Cadre européen commun*)

20. 2 800 apprenants (premier et second cycle du secondaire) et 300 professeurs ont été impliqués dans cette recherche.

et sont donc désormais les descripteurs de référence, calibrés et étalonnés sur les six niveaux.

Les descripteurs existent pour :
– toutes les activités communicatives (réception, production, interaction) ;
– les stratégies de communication (planification, contrôle, remédiation) ;
– les compétences communicatives langagières (voir ci-dessous).

Un bon descripteur doit :
– **être formulé de façon positive**, ce qui, dans les niveaux inférieurs, est plus difficile que dans les niveaux élevés (**n'**est capable de répondre **qu'**à des questions simples → est capable de répondre à des questions simples) ;
– **être précis** et décrire explicitement la capacité attendue. On retrouve dans cette qualité l'impérative univocité décrite par Mager et Hameline (voir plus haut p. 22) ;
– **être clair,** c'est-à-dire rédigé sans métalangage linguistique, de façon à être compris par tous, enseignants et apprenants ;
– **être bref,** c'est-à-dire ne décrire que l'essentiel ;
– **être indépendant,** ne pas dépendre d'un ou plusieurs autres descripteurs.

LES COMPOSANTES, ÉVALUABLES OU NON, DE LA COMMUNICATION LANGAGIÈRE

Ce que l'apprenant maîtrise déjà, sans toujours le savoir

Lorsqu'un individu commence l'apprentissage d'une langue, il est déjà riche de savoirs et de compétences qui lui sont propres et qu'il pourra mobiliser de façon consciente ou inconsciente. Pour l'efficacité de son apprentissage, mieux vaut lui en faire prendre conscience, c'est le rôle de la « leçon 0 » des manuels, qui cherchent à faire le point sur l'étendue de ces savoirs.

Ils ont été acquis par l'expérience personnelle de l'apprenant, son éducation, les voyages qu'il a pu faire dans le pays de la langue cible, les informations géographiques, politiques, économiques et socioculturelles qu'il a sur ce pays.

Ils concernent essentiellement :
– **ses savoirs socioculturels** : sa connaissance ou ses préjugés sur la société et de la culture du pays cible. Comment vivent les gens quotidiennement, quelles sont leurs conditions de vie, comment sont régies les relations sociales, quelles sont leurs valeurs et leurs croyances, quelle est la place de leur religion, quelles sont leurs conventions sociales ?

– **son savoir-être**[21] : l'influence que peut avoir sa propre personnalité sur son apprentissage. Il s'agit de ses motivations, son désir ou ses besoins de communiquer, son caractère plus ou moins extraverti ou introverti ;

– **son savoir-apprendre** : sa capacité à mobiliser et utiliser des savoirs antérieurs au bénéfice de son apprentissage de la langue. Par exemple, sa capacité à prononcer, donc à distinguer et reproduire des sons nouveaux ; son aptitude à étudier, à planifier son apprentissage, à être conscient de ses lacunes et de ses points forts.

Les descripteurs prennent en compte, à des degrés divers, ces savoirs et ces compétences, en exemplifiant des stratégies (descripteurs de planification, de compensation, de contrôle et de correction) et des attitudes (correction sociolinguistique).

Ce que l'apprenant peut acquérir : ce qui est évaluable

La compétence à communiquer langagièrement se réalise à travers la réception, la production et l'interaction. Dans chacune de ces activités, elle présente plusieurs composantes qui sont toutes évaluables.

La composante linguistique a trait aux savoirs (étendue et qualité des connaissances) ainsi qu'aux savoir-faire (capacité à organiser et mobiliser ces connaissances) lexicaux, grammaticaux et phonétiques. Le classement adopté par le *Cadre européen commun* distingue les compétences suivantes.

La compétence lexicale : capacité à utiliser les expressions toutes faites (telles que « Bonjour ! Comment allez-vous ? »), les locutions figées et les expressions imagées (« Au fur et à mesure », « C'est sans importance ! », « On aura une augmentation de salaire quand les poules auront des dents »), des mots isolés (noms, adjectifs, verbes et adverbes), des éléments grammaticaux isolés (prépositions, quantitatifs, articles, pronoms, conjonctions, etc.).

12 descripteurs traitent de l'étendue et de la maîtrise du vocabulaire, à chaque niveau de l'échelle de compétences. Comme on le verra plus loin, ces descripteurs ne sont pas directement évaluables.

La compétence grammaticale : capacité à produire des phrases formées selon les principes grammaticaux qui régissent une langue (catégories, classes, structures, processus, morphologie – structure interne des mots – et syntaxe – organisation des mots en phrases).

21. Voir à ce sujet, en annexe p. 197, l'article de Francis Debyser « Éloge du savoir-vivre... et pour tordre le cou au savoir-être ».

Les 8 descripteurs de la correction grammaticale ne traitent pas des structures à maîtriser (celles-ci sont décrites dans les *Référentiels* pour le français[22]), mais des degrés de correction. Ils sont trop subjectifs pour être directement évaluables.

La compétence sémantique : capacité à produire du sens, tout en respectant la forme. On touche ici à une double articulation du langage[23] : l'organisation de la forme et l'organisation du sens, toutes deux se recoupant en permanence pour donner une communication. Dans les approches traditionnelles, l'enseignant cherche à faire acquérir d'abord la forme avant de faire produire du sens. Depuis la parution du *Niveau seuil*, une approche qui fait acquérir les notions et les fonctions[24] de la langue, avant de s'intéresser aux formes lexicales et grammaticales qui les expriment, a largement fait ses preuves.

Aucun descripteur spécifique de la compétence sémantique n'est présent dans le *Cadre européen commun*. Ces descripteurs sont à rechercher dans les catégories « production orale générale » et « production écrite générale ».

La compétence phonologique : capacité à percevoir, reconnaître, discriminer les unités sonores de la langue (phonèmes) et à les produire ou reproduire. La compétence phonologique recouvre notamment les traits phonétiques des phonèmes (nasalité, sonorité, occlusions, labialité), la prosodie (accentuation et rythme de la phrase, intonation).

Les 6 descripteurs de maîtrise du système phonologique peuvent utilement faire partie des critères d'évaluation de cette compétence.

La compétence orthographique : capacité à reconnaître et à produire différents types d'écritures (cursive, imprimée, minuscules et majuscules), à respecter l'orthographe correcte des mots, des signes de ponctuation, des conventions typographiques.

11 descripteurs, dont certains peuvent être repris dans des barèmes critériés d'évaluation.

La compétence orthoépique : capacité à produire une prononciation et une intonation correcte à partir d'un texte écrit, par exemple dans une lecture à haute voix.

---

22. Voir plus loin, p. 52.
23. Non pas au sens que lui a donné André Martinet : articulation des unités sonores (phonèmes) et des unités de sens (morphèmes, noms et phrases), ni au sens de Ferdinand de Saussure : signifié *versus* signifiant, mais bien plutôt dans un sens actionnel : fond *versus* forme.
24. Approche notionnelle / fonctionnelle, *cf.* Lexique.

Aucun descripteur spécifique.

La composante sociolinguistique traite des éléments socioculturels à prendre en compte dans l'utilisation de la langue cible. Elle comprend les marqueurs des relations sociales (dans les salutations, les façons de s'adresser à quelqu'un en fonction du degré de familiarité que l'on a avec lui, le choix des exclamations que l'on utilise dans un discours oral) ; les règles de politesse (ou d'impolitesse) ; la connaissance et la capacité de produire « les expressions de la sagesse populaire » (proverbes, expressions imagées) ; les différences de registre (officiel, formel, neutre, informel, familier, intime) ; les dialectes et les accents ainsi que le vocabulaire particulier aux différentes communautés linguistiques francophones (« mon chum » ou « ma blonde », au Québec, pour « mon ami », « mon amie »).

Les 16 descripteurs qui détaillent cette compétence peuvent utilement être intégrés à des barèmes critériés d'évaluation.

La composante pragmatique est celle de la réalisation des actes langagiers. Elle englobe la compétence discursive : il s'agit de la capacité à organiser des phrases dans un ensemble cohérent, donc à structurer son discours. C'est réellement l'objet de l'apprentissage, tant de la langue maternelle que de la langue étrangère.

De nombreux descripteurs rendent compte de cette compétence. Ils concernent la souplesse d'adaptation à différents discours (9 descripteurs), la capacité à gérer les tours de parole (11) et la capacité à produire des développements thématiques dans les récits et les descriptions (5). En dehors du niveau A1, où aucun descripteur n'est disponible, ils peuvent entrer dans des barèmes critériés.

La compétence fonctionnelle : il s'agit de la capacité à reconnaître et produire des énoncés liés aux fonctions de la langue. Le *Cadre européen commun* distingue les micro-fonctions (énoncés simples et courts comme par exemple pour demander et donner des informations) des macro-fonctions qui consistent en une suite parfois importante de phrases, selon un schéma défini d'interaction entre les interlocuteurs. Le schéma d'interaction régit les échanges souvent produits sous la forme de questions / réponses, ou déclarations / accord-désaccord, ou encore d'offre suivie d'une acceptation ou d'un refus.

Il est rendu compte de cette compétence par des descripteurs détaillant le degré d'aisance dans l'utilisation des fonctions à l'oral (10 descripteurs) et la précision qui y est apportée (7 descripteurs). Nombre d'entre eux peuvent être intégrés à un barème critérié.

DES DOMAINES D'UTILISATION DE LA LANGUE

Pour des facilités de classement des descripteurs de compétence et des supports d'enseignement, le *Cadre européen commun* recense dans un tableau (p. 43) quatre domaines dans lesquels une langue est utilisée. Chaque domaine correspond à un secteur assez large de la vie sociale dans laquelle l'utilisateur de la langue est amené à réaliser des tâches communicatives.

• **Le domaine personnel** est celui de la vie privée, centré sur la famille et les amis. Les activités personnelles concernent la lecture pour le plaisir, les loisirs, les intérêts particuliers.

• **Le domaine public** est celui où l'individu, en tant que citoyen, est engagé dans des transactions diverses concernant par exemple la santé publique, la justice, les partis politiques, les autorités administratives diverses.

• **Le domaine professionnel** concerne naturellement les métiers et les relations hiérarchiques dans le cadre de l'exercice de sa profession.

• **Le domaine éducationnel** traite de tout ce qui a trait aux systèmes éducatifs.

Chaque domaine regroupe les lieux, les institutions, les personnes, les objets, les événements, les actes ainsi que les textes auxquels les apprenants peuvent être confrontés.

Le concept de domaine permet d'élaborer des cursus de formation et des évaluations qui correspondent aux besoins des apprenants. D'une façon générale, lors de l'acquisition des premiers niveaux (A1 à B1), l'accent sera mis sur des tâches de la vie quotidienne liées aux domaines privés et publics. Plus on avancera dans l'apprentissage, plus les besoins seront diversifiés. Au-delà du niveau seuil, on peut considérer que les tâches correspondant au domaine privé seront maîtrisées, celles du domaine public également. En apprentissage comme en évaluation, les domaines éducationnels et professionnels seront à privilégier car ils offrent un plus grand nombre de tâches complexes, adaptées aux ressources dont dispose l'apprenant aux niveaux élevés (B2 à C2).

DEUX OUTILS QUI GARANTISSENT LA FIABILITÉ DES NIVEAUX

Que recouvre chacun des six niveaux de compétences en langues ? Peut-on considérer que ces contenus sont identiques pour chaque langue ?

Si j'apprends le russe à Rome, puis-je penser que lorsque j'atteindrai le niveau B2, je maîtriserai les mêmes éléments que mon ami qui apprend le français à Moscou ? Pourrons-nous alors communiquer tous les deux au même niveau ? Ce niveau B2 est-il donc identique dans toutes les langues ? Et si c'est exact, qu'est-ce qui me le garantit ?

Le Conseil de l'Europe, conscient des difficultés que représenteraient des niveaux différents selon les langues, a suscité deux projets qui permettent d'en garantir la fiabilité.

LES RÉFÉRENTIELS POUR LES LANGUES

Le niveau seuil (B1) : une base commune pour spécifier les autres niveaux

Dès la sortie du *Threshold Level*, pour l'anglais (1975), puis d'*Un niveau seuil* pour le français (1976), de nombreux pays ont rédigé les spécifications de ce « seuil » pour leur propre langue. Depuis une vingtaine d'années, des langues nationales ou régionales disposent de spécifications pour ce niveau [allemand (1981), basque (1988), catalan (2000), danois (1983), espagnol (1980), estonien (1997), galicien (1993), gallois (1994), grec (1999), hongrois (2000), italien (1982), letton (1997), maltais (1997), néerlandais (1985), norvégien (1988) portugais (1988), roumain (2002), russe (1996), tchèque (2001)].

Quelle que soit la langue, la démarche est toujours la même : c'est à partir des spécifications du niveau seuil que l'on définit les spécifications des autres niveaux, inférieurs et supérieurs.

Pour l'allemand

C'est ainsi que pour la langue allemande, un premier *Profile Deutsch*[25] a spécifié en 2002 les niveaux A1, A2, B1 et B2, puis en 2005, les niveaux C1 et C2. Les *Profile Deutsch* sont composés d'un manuel de référence et d'un cédérom comportant des listes de repérage, une banque de ressources et une base de données. Ils ont été réalisés par une équipe tripartite, suisse, allemande et autrichienne.

25. *Profile Deutsch* http://www.langenscheidt.de/profile/index.html

Pour l'anglais

Pour la langue anglaise[26], les niveaux immédiatement inférieurs et supérieurs au niveau seuil ont été spécifiés.

Pour l'espagnol

Le *Nivel umbral* sert de base à l'élaboration des autres niveaux.

Pour le français

Un projet de la Division des politiques linguistiques du Conseil de l'Europe (le projet NiCoLaF : niveaux de compétence en langue française) a pris en charge les nouveaux référentiels pour le français, sous la direction d'un universitaire, le professeur Jean-Claude Beacco (Paris 3). Les niveaux B2 et A1 sont spécifiés et disponibles[27]. La parution des autres niveaux (A2, B1, C1 et C2) est prévue.

Les référentiels pour le français transposent les compétences de communication générale en spécifiant et répertoriant, de façon quasi exhaustive, les éléments suivants, présents dans chaque niveau de compétence et qui permettent de maîtriser ces niveaux :

1. Les situations de communication.
2. Les formes discursives.
3. Les fonctions du langage et leur réalisation linguistique (structures utilisées et exemples d'énoncés). La liste des fonctions est figée. On retrouve exactement la même dans tous les référentiels. Elle comprend 113 fonctions, dont la réalisation langagière se fera différemment, à l'aide du degré de maîtrise des structures et du lexique dont dispose l'apprenant à chaque niveau de son apprentissage.
4. Les notions générales et les formes linguistiques correspondantes.
5. La grammaire (morphologie et structures).
6. Les notions spécifiques classées et hiérarchisées en catégorie et sous-catégorie, à l'intérieur desquelles et à travers lesquelles s'organise le lexique qui s'y rapporte. Le classement adopté, sémantico-référentiel à plusieurs étages, permet à la fois de regrouper thématiquement et sémantiquement les notions et les unités lexicales. Pour le niveau A1, le lexique comporte environ 800 mots.

On y trouve également des inventaires de la matière sonore, de la dimension socioculturelle, des compétences transversales.

Le Référentiel pour les premiers acquis en français, *niveau A1.1*[28]

Ce référentiel se distingue de la série des « Référentiels pour le français » dans la mesure où il a été élaboré pour répondre à une commande du ministère de l'Emploi, du Travail et de la Cohésion sociale, dans le cadre du contrat d'accueil et

26. *Waystage et Vantage Levels* http://uk.cambridge.org/order/
27. Éditions Didier.
28. Beacco, J.-C., Lhote, G., de Ferrari, M., Tagliante, C., *Référentiel pour les premiers acquis en français*, Paris, éditions Didier, 2005.

d'intégration[29]. Son objectif est de structurer les formations destinées aux populations migrantes adultes et aux nouveaux arrivants en France, peu ou non scolarisés dans leur pays d'origine et peu ou non francophones. Il présente en troisième partie une certification de niveau A1.1, le DILF, « Diplôme initial de langue française ». Il ne s'agit cependant pas d'un diplôme réservé au public migrant. Toute personne pensant maîtriser ce niveau peut se présenter aux épreuves du DILF.

LE MANUEL PERMETTANT DE RELIER LES EXAMENS DE LANGUE AUX SIX NIVEAUX DU CADRE COMMUN

L'accroissement de la mobilité des personnes induit une augmentation de la demande d'apprentissage en langues et, partant, de la nécessité de certifications fiables et officielles en langues.

Afin de faire face à ce défi, et devant la diversité des diplômes, des tests et des examens de langues émanant d'organismes non spécialisés se réclamant du *Cadre européen commun*, les autorités éducatives ont été amenées à mettre en place des outils permettant le transfert des qualifications.

À cet effet, le Conseil de l'Europe propose un manuel[30] qui permet de relier tous les examens de langues aux six niveaux qu'il a définis.

Les organismes certificateurs qui ont intégré ces nouvelles données ont gagné en qualité et en rigueur, tant en ce qui concerne les procédures d'élaboration des évaluations que leurs contenus.

En France, c'est le cas pour les diplômes de français langue étrangère du ministère de l'Éducation nationale : le DELF et le DALF[31].

Créés en 1985, d'après une adaptation des recommandations données par le Conseil de l'Europe dans son *Rapport concernant des voies possibles pour l'élaboration d'une structure générale d'un système européen d'unités capitalisables pour l'apprentissage des langues vivantes par les adultes*[32] (l'ancêtre du *Cadre européen commun*), ces deux diplômes ont été harmonisés sur les six niveaux du *Cadre européen commun* en 2005, grâce à l'application rigoureuse du manuel cité (DELF A1, DELF A2, DELF B1, DELF B2, DALF C1 et DALF C2).

29. Le contrat d'accueil et d'intégration, mis en place en janvier 2006, propose aux nouveaux arrivants une formation linguistique qui peut aller jusqu'à 500 heures d'apprentissage du français. Cette formation est sanctionnée par le DILF.
30. Le *Manuel pour relier les examens de langues au CECR* est consultable à l'adresse suivante : http://www.coe.int/T/F/Coop%E9ration%5Fculturelle/education/Langues/Politiques_linguistiques/Manuel/default.asp#TopOfPage.
31. DELF : diplôme d'études en langue française ; DALF : diplôme approfondi de langue française (arrêté du 11 mai 1985), diplômes gérés administrativement et pédagogiquement par le Centre international d'études pédagogiques.
32. Strasbourg, 1977.

Chapitre 3 Le chapitre 9 du Cadre européen commun

Pour l'évaluateur et le concepteur d'activités d'évaluation ou d'examen, ce chapitre présente de nombreux avantages. Il leur permettra de porter un regard plus exigeant sur la façon dont ils élaborent leurs évaluations et un regard plus critique sur la manière dont sont conçus les examens et les tests nationaux ou institutionnels.

Dans un premier temps, les auteurs rappellent :

- l'importance des domaines d'utilisation de la langue, du rôle des tâches communicatives à accomplir, des spécifications de contenus présentes dans les référentiels ;
- l'usage des deux types de descripteurs (descripteurs d'activités communicatives et descripteurs d'aspects de compétences particulières), pour le type d'évaluation que l'on veut élaborer ;
- l'usage des descripteurs pour le choix des critères d'évaluation ;
- l'importance des échelles dans la construction des tests et des examens.

Descripteurs d'activités communicatives	Auto-évaluation	Grilles
	Évaluation sommative	Listes de contrôle
Descripteurs d'aspects de compétences particulières	Auto-évaluation	À condition de reformuler les descripteurs de façon à ce qu'ils soient indépendants et positifs[1]
	Évaluation magistrale	
	Évaluation de la performance	

Dans un second temps, ce chapitre présente une **typologie de treize pratiques évaluatives courantes.** L'intérêt de cette présentation est de faire prendre conscience aux enseignants qu'une activité d'évaluation élaborée pour vérifier la maîtrise d'un objectif d'enseignement est tout aussi valable qu'un examen ou un test national ou international qui présente des qualités psychométriques (voir plus loin) évidentes : ces deux types d'évaluation sont comparables puisqu'ils peuvent être mis en relation avec les niveaux définis dans le *Cadre européen commun*.

1. On traitera plus loin, chapitre 4, d'une autre façon de rendre les descripteurs évaluables, en les formulant de façon à ce que la compétence soit observable.

Rappelons-le, le *Cadre européen commun* se veut non prescriptif.

Les auteurs prennent la précaution d'affirmer qu'ils ne portent aucun « jugement de valeur » sur l'une ou l'autre des treize pratiques présentées. Il y transparaît cependant clairement un certain nombre de recommandations que nous allons commenter.

La typologie énonce des catégories qui se recoupent souvent. La présentation choisie, en type « opposé », n'est pas toujours pertinente. Avec tout le respect que je dois aux auteurs de ce chapitre, je me permets de renvoyer le lecteur au tableau « Les deux grands domaines de l'évaluation », page 10, qui permet d'aborder de façon synthétique l'ensemble des notions présentées ci-dessous.

①	Évaluation du savoir	*versus*	Évaluation de la capacité

• Selon les auteurs, l'évaluation des savoirs correspond à l'évaluation de l'atteinte d'objectifs spécifiques en relation avec le programme de cours.

• L'évaluation de la capacité (ou de la performance) est celle de ce que l'apprenant peut faire dans « le monde réel ».

Commentaire

Ces deux types d'évaluation gagneraient à ne pas être présentés en opposition. Cette présentation laisse à penser que ces deux évaluations sont distinctes. Or savoirs et performance peuvent être évalués au cours d'une même tâche langagière et communicative, en fonction d'un barème critérié.

②	Évaluation normative	*versus*	Évaluation critériée

• L'évaluation normative est définie comme servant à classer les apprenants les uns par rapport aux autres (tests de placement par exemple).

• L'évaluation critériée est présentée comme « une réaction contre la référence à la norme ». Les auteurs indiquent qu'elle entraîne « la définition des domaines pertinents couverts par le test » ainsi que « l'identification des points de césure ou seuils (note jugée nécessaire pour correspondre au niveau de compétence) ».

Commentaire

Les aspects techniques, comme la définition des points de césure, ne sont pas spécifiques de l'évaluation critériée. Ils appartiennent au domaine de l'évaluation quantitative, qui met en œuvre des techniques psychométriques seules capables de définir un point de césure. Voir le chapitre sur ce thème.

③	Maîtrise	*versus*	Continuum ou suivi

• Le premier terme est défini comme « une approche dans laquelle une seule norme minimale de compétence est établie pour départager les apprenants entre capables (réussite) et non capables (échec) sans que soit pris en compte le niveau de qualité manifesté dans la façon dont l'objectif est atteint ». En fait comme une approche de type « savoir ».

• Le second terme est défini comme une approche dans laquelle « une capacité donnée est classée en référence à la suite continue de tous les niveaux de capacité dans un domaine donné ». Il est recommandé, pour cette approche, d'utiliser un modèle mathématique comme le modèle de Rasch pour mettre en relation les résultats de tous les tests et les reporter sur une échelle commune.

Commentaire

Une fois de plus, il est fait appel dans cette opposition à des techniques psychométriques impérativement nécessaires dans la construction d'examens et de tests nationaux ou internationaux, mais non applicables en classe de langue.

④	Évaluation continue	*versus*	Évaluation ponctuelle

• Effectuée tout au long de la formation, « elle reflète l'ensemble du cours, de l'année ou du semestre ».

• « Attribution de notes ou prises de décision effectuées à la suite d'un examen [...] à une date donnée, généralement à la fin du cours ou au début du cours suivant. [...] seul compte ce que l'apprenant est capable de faire ici et maintenant. »

⑤	Évaluation formative	*versus*	Évaluation sommative

• « Processus continu qui permet de recueillir des informations sur les points forts et les points faibles. » Elle permet une remédiation et ainsi « une amélioration de l'apprentissage », à condition que l'apprenant soit en position d'apprécier l'information rétroactive qui lui est donnée.

• « Contrôle les acquis à la fin du cours et leur attribue une note ou un rang. »

Commentaire

Une idée forte est développée en ce qui concerne ce qu'on appelle communément « l'apprendre à apprendre » : la formation de l'apprenant et la prise de conscience qu'elle suppose.

⑥	Évaluation directe	*versus*	Évaluation indirecte

• « Évalue ce que l'apprenant est en train de faire, [...] par l'observation de la production orale et écrite. [...] L'entretien est un test direct classique. »

• « Utilise un test, généralement écrit, qui évalue souvent les potentialités. [...] Un texte lacunaire est un test indirect classique. »

Commentaire

Nous verrons, dans les chapitres consacrés à l'évaluation des compétences actives et passives, de quelle façon les descripteurs du *Cadre européen commun* peuvent être utilisés pour établir les critères d'évaluation directe et indirecte des performances.

⑦	Évaluation de la performance	*versus*	Évaluation des connaissances

• « Exige de l'apprenant qu'il produise un échantillon de discours oral ou écrit. »

• « Exige de l'apprenant qu'il réponde à des questions de types différents afin d'apporter la preuve de l'étendue de sa connaissance de la langue et du contrôle qu'il en a. »

Commentaire

La définition de ces deux catégories en opposition est redondante par rapport à la première paire décrite (évaluation du savoir *versus* évaluation de la capacité).

⑧	Évaluation subjective	*versus*	Évaluation objective

• « Jugement d'examinateur sur la qualité de la performance. »

• « Écarte la subjectivité, généralement par l'utilisation d'un test indirect dans lequel une seule réponse est possible, par exemple un QCM. »

Les auteurs précisent que la question de la subjectivité / objectivité est complexe et ne peut être uniquement réglée par l'administration d'un test à correction objectivée ; ils proposent une démarche permettant de réduire la subjectivité. Ils recommandent notamment de :

1. développer une spécification du contenu de l'évaluation en se basant sur le *Cadre européen commun* ;

2. utiliser des jugements collectifs pour sélectionner le contenu et / ou noter les performances ;

3. adopter des procédures normalisées ;

4. fournir des grilles de correction précises comportant des critères clairement définis ;

5. exiger des jugements multiples ;
6. mettre en place une double correction ;
7. assurer une formation relative aux barèmes de correction ;
8. vérifier la qualité de l'évaluation par l'analyse des résultats.

Commentaire

La démarche proposée est totalement applicable aux tests et aux examens. Elle est garante de leur validité et leur fidélité. En ce qui concerne les activités d'évaluation faites en classe, seul le point 5 est impératif.

⑨	Évaluation sur une échelle	*versus*	Évaluation sur une liste de contrôle

• « Consiste à placer quelqu'un à un niveau donné sur une échelle constituée de plusieurs niveaux. »

• « Consiste à juger quelqu'un selon une liste de points censés être pertinents pour un niveau ou un module donné. »

⑩	Jugement fondé sur l'impression	*versus*	Jugement guidé

• « Jugement entièrement subjectif fondé sur l'observation de la performance, sans aucune référence à des critères particuliers. »

• « Jugement dans lequel on réduit la subjectivité propre à l'examinateur en ajoutant à la simple impression une évaluation consciente en relation à des critères spécifiques. »

Commentaire

Paire opposée déjà traitée partiellement dans l'opposition « évaluation subjective *versus* évaluation objective ».

On verra plus loin comment il est possible d'utiliser l'impression générale de l'examinateur dans l'évaluation de la production orale (voir chapitre 7 sur l'évaluation des compétences actives et l'évaluation de l'expression orale dans le TCF – test d'évaluation du français).

⑪	Évaluation holistique ou globale	*versus*	Évaluation analytique

• « Porte un jugement synthétique global. Les différents aspects sont mesurés intuitivement par l'examinateur. »

• « Considère séparément les différents aspects, par exemple une catégorie dans son ensemble (expression orale ou production écrite). Les critères présents dans ce type d'évaluation exigent de l'examinateur une observation rigoureuse. »

⑫	Évaluation par série	*versus*	Évaluation par catégorie

• « Dans l'évaluation par série, on note habituellement de manière globale sur une échelle de 0 à 3 ou de 1 à 4 une série de tâches différenciées (par exemple dans un jeu de rôle). »

• « L'évaluation par catégorie porte sur une seule tâche [...] à partir de laquelle la performance est évaluée en fonction des catégories d'une grille d'évaluation. »

⑬	Évaluation mutuelle	*versus*	Auto-évaluation

• « Jugement porté par l'enseignant ou l'examinateur. »

• « Jugement que l'on porte sur sa propre compétence. »

Commentaire

Il manque à cette typologie l'évaluation portée par les pairs, c'est-à-dire par les autres apprenants du même groupe. Cette évaluation nécessite un apprentissage que nous traiterons plus loin.

La troisième partie du chapitre porte sur les choix que doit faire l'évaluateur parmi les différentes catégories de descripteurs proposés.

Les auteurs conseillent de ne pas chercher à évaluer toutes les catégories et, pour l'évaluation d'une compétence donnée, de n'en retenir au maximum que quatre ou cinq.

Sont ensuite présentés les critères d'évaluation de la production orale élaborés par quelques organismes certificateurs, dont Cambridge ESOL pour le *Cambridge certificate in advanced english*, ICC pour l'*International certificate conference* (certificat d'anglais des affaires), Eurocentres pour l'évaluation de l'interaction en sous-groupes et le Fonds national suisse de recherche scientifique pour l'évaluation de performances enregistrées en vidéo, projet lié à l'élaboration d'échelles de niveaux.

Le *Guide à l'usage des examinateurs*, préparé pour le Conseil de l'Europe sous la direction de Michael Milanovic (ALTE) traite de façon détaillée de la conception et de l'élaboration des tests de langue. Il est un complément utile à ce chapitre.

Chapitre 4 Comment évaluer les descripteurs du Cadre européen commun ?

Les descripteurs de compétence, tels qu'ils sont formulés dans le *Cadre européen commun*, ne sont pas tous directement évaluables. Leur formulation en termes de capacité décrit ce qu'une personne est capable de faire à un niveau donné. La performance attendue, en termes d'observabilité, n'est pas toujours présente. La pédagogie par objectifs de première génération (chapitre 1) nous a appris que sans observation de la performance, il ne peut y avoir évaluation.

Les descripteurs ne spécifient pas non plus les contenus linguistiques ou pragmatiques présents ou absents dans la performance. Ce n'est d'ailleurs pas leur rôle, ces contenus étant spécifiés dans les référentiels.

Si, parmi l'ensemble des descripteurs proposés pour l'une ou l'autre des capacités langagières, on en choisit certains comme critères d'évaluation, il faut tout d'abord vérifier qu'ils sont évaluables, les rendre observables, puis les croiser avec les contenus spécifiés dans les référentiels.

COMMENT PASSER D'UN DESCRIPTEUR DE COMPÉTENCE À UNE ACTIVITÉ D'ÉVALUATION ?

Reprenons les deux types de descripteurs : ceux qui, au chapitre 4 du *Cadre européen commun*, décrivent les capacités langagières et ceux du chapitre 5 qui décrivent les aspects de connaissances particulières. Prenons un exemple de descripteur du premier cas : descripteur de niveau B1 pour la compétence de réception orale.

Comprendre une interaction entre locuteurs natifs	Peut généralement suivre les points principaux d'une longue discussion se déroulant en sa présence, à condition que la langue soit standard et clairement articulée.

La capacité « suivre les points principaux d'une longue discussion » n'est pas directement observable. Comment se rendre compte que l'apprenant a compris cette discussion qui se déroule devant lui ?

Les théoriciens[1] de la pédagogie par objectifs de deuxième génération (PPO2), s'appuyant sur la pédagogie par objectifs (PPO1) traitée plus haut, ont produit

1. P. Gillet, *Construire la formation*, CEPEC, ESF, 1992.

des outils conceptuels que je réutiliserai en les appliquant à l'évaluation des descripteurs de compétence du *Cadre européen commun*.

L'INTÉRÊT DES TABLES DE SPÉCIFICATION

La table de spécification est un outil de travail qui concrétise et fait visualiser, **de façon non linéaire**, les différents éléments qui entrent dans l'enseignement et l'apprentissage d'une capacité langagière. La visualisation non linéaire ne peut réduire les activités d'enseignement à un programme, que l'on suit de bout en bout, en commençant par le début.

La table de spécification, qui détaille sur le même plan tous les éléments entrant dans l'acquisition d'une capacité, contourne de fait la tentation que peut représenter, pour l'enseignant, une progression linéaire de son enseignement.

Elle définit, en abscisse, les capacités à faire travailler pour atteindre la maîtrise de la compétence, et en ordonnée les contenus formels, linguistiques, stratégiques et communicatifs qui y sont associés.

Le croisement des deux paramètres – capacités et contenus – produira, au centre du tableau, ce que l'on appelle des « indicateurs d'apprentissage » (ou indicateurs d'acquisition de la compétence), qui peuvent être formulés en termes d'activités d'apprentissage.

L'enseignant qui s'astreint à construire une table de spécification aura sous les yeux l'ensemble des activités de classe qui lui permettront d'amener l'apprenant vers la maîtrise de la compétence travaillée et pourra choisir, selon le niveau ou la vitesse d'apprentissage de ses élèves, les activités à privilégier parmi la gamme proposée.

L'autre avantage de la table de spécification est que le dispositif d'évaluation y est intégré d'office. En effet, l'enseignant n'aura qu'à choisir les indicateurs d'acquisition qui lui semblent impératifs à évaluer pour prouver la maîtrise de la compétence et à les traduire en activités d'évaluation, formative, sommative ou d'auto-évaluation.

Pour construire une table de spécification complète :

1. choisir le descripteur de la compétence que l'on souhaite faire acquérir, au niveau adéquat ;
2. éventuellement le reformuler de façon à ce qu'il corresponde à une tâche langagière et communicative à réaliser ;
3. repérer et décrire les capacités à travailler en se posant la question : « Que faut-il savoir faire pour maîtriser la compétence visée ? » Se limiter à quatre ou cinq capacités par descripteur ;

4. compléter la table :

– reporter les capacités repérées sur l'axe vertical ;

– cocher les cases centrales lorsque nécessaire (lorsqu'un ou plusieurs contenus doivent être travaillés) ;

– formuler, dans ces mêmes cases, les éléments à faire acquérir ;

– réfléchir au type d'activité de classe permettant de faire travailler ces éléments ;

5. repérer les « indicateurs d'acquisition » qui vont permettre d'apprécier le degré de maîtrise de la compétence visée ;

6. formuler ces indicateurs de façon observable ;

7. repérer le type d'outil d'évaluation adéquat au type d'évaluation choisi ;

8. élaborer l'activité d'évaluation.

En résumé :

Chaque compétence, concrétisée par le descripteur de compétence, peut faire l'objet d'une analyse qui permet de déterminer le contenu des séances consacrées à son acquisition. Cette analyse est matérialisée dans ce que l'on appelle une :	
table de spécification	
qui décrit d'une part ce que l'on souhaite faire acquérir, c'est-à-dire les	
contenus (ou savoirs)	**capacités (ou savoir-faire)**
qui d'autre part détermine les	
activités de classe qui vont permettre de faire acquérir contenus et capacités	
qui signale les	
indicateurs d'acquisition du niveau de compétence	
et qui, enfin, permet d'établir les	
dispositifs d'évaluation	
soit en **prise d'information (évaluation formative)**	soit en **contrôle ou certification (évaluation sommative)**
Il restera alors à choisir les outils d'évaluation, en fonction :	
• du dispositif choisi, • de la compétence testée, • des indicateurs sélectionnés, • des capacités intellectuelles sollicitées.	

Descripteur de niveau A1 du *Cadre européen commun*, catégorie « Conversation »
« Peut demander à quelqu'un de ses nouvelles et y réagir »

Contenus →	Linguistique			Sociolinguistique	Discursif			Stratégique
Capacités ↓	**Morphosyntaxe**	**Lexique**	**Phonétique**	**Sociolinguistique Socioculturel**	**Type**	**Cohérence**	**Cohésion**	**Verbal Non verbal**
Prendre contact, saluer	Phrases simples	Formules de salutation en fonction du registre adapté	Respect des règles phonologiques et prosodiques	Contact social de base, adapté à l'interlocuteur	Ø	Présence de « et », « mais », « alors »	Ø	Sourire !
Poser une question	« Tu / vous » Phrases simples Mots interrogatifs Structures de l'interrogation directe	Formule toute faite, mais adaptée au destinataire	*Id.*	Respect du registre de langue	Ø		Ø	Mimiques expressives
Demander des explications	Reformulation Conditionnel de politesse	Lexique du niveau A1	*Id.*	Respect du registre de langue	Ø		Ø	Compensation
Répondre à des questions simples	Verbes « être », « avoir », « faire »	Lexique du niveau A1	*Id.*	Respect du registre de langue	Explicatif simple		Ø	Savoir dire que l'on n'a pas compris, demander de répéter
Prendre congé		Formes de politesse élémentaires	*Id.*	Contact social de base, adapté à l'interlocuteur	Ø		Ø	

Chapitre 5 L'évaluation formative des compétences actives et passives

LES COMPÉTENCES ACTIVES

L'ÉVALUATION DE LA PRODUCTION ORALE

Nous l'avons dit, l'oral est éphémère. Pourtant, l'enseignant passe son temps à l'évaluer. Les principales situations d'évaluation de la production orale peuvent être classées par niveaux taxonomiques.

1. Évaluation de tâches langagières et communicatives, de la plus simple à la plus complexe.

– Produire les répliques de l'un des personnages dans un dialogue simulé sur un thème donné (le « je » simulé).

– Présenter son point de vue sur un sujet simple.

– Faire une lecture à haute voix, comme on le ferait lorsqu'on lit à côté de quelqu'un et que tout à coup on lui dit : « Tiens, écoute ça ! »

– Défendre son point de vue, nier, argumenter.

– Présenter les informations contenues dans un ou plusieurs documents (texte, image, image et texte, enregistrement audio, audiovisuel, etc.).

2. Évaluation de tâches complexes.

– Résumer un document.

– Préparer une synthèse de documents en vue d'un exposé critique.

– Être interrogé sur un thème considéré comme complexe au cours d'un entretien.

Lorsque l'on demande la réalisation de tâches, on cherche à évaluer une capacité précise, voire, au cours de tâches complexes, des capacités liées. Dans tous les cas, une grille d'évaluation doit guider l'examinateur. Travaillant souvent sous pression, les examinateurs ne peuvent manipuler qu'un nombre restreint de critères.

Les éléments constitutifs de l'expression orale

De quoi est donc constituée la production orale ? Que pouvons-nous objectivement évaluer dans cette production ? Que prendre en compte dans un barème ?

Le fond

Sans doute le plus important dans la production. Si ce qui est dit est captivant, la façon dont c'est dit importera moins que si le discours produit est totalement banal, quelconque, voire insignifiant. On peut prendre en compte :

• les idées, les informations, l'argumentation : si le contenu est clair, les idées intéressantes, l'objectif maîtrisé, le temps imparti respecté, alors la performance doit être valorisée ;

• la structure, l'organisation du message : dans un exposé, l'introduction, le développement et naturellement la conclusion comptent. Pas sous une forme académique, mais la logique du déroulement de la pensée doit néanmoins être présente ;

• le langage : la justesse, la précision des mots ou l'explication qui peut en être donnée si l'apprenant ne connaît pas le mot exact, les exemples qui peuvent illustrer son propos, tout cela compte.

La forme

Elle est plus difficile à évaluer. L'examinateur devra cependant l'apprécier, soit sous la forme d'une impression générale, globale, de la performance, soit de façon plus détaillée. Elle comprend :

• l'attitude générale, la gestuelle : la décontraction, l'aisance, un visage expressif et détendu, des gestes explicatifs sont souvent la clé d'un message bien perçu ;

• la voix, le volume, l'articulation, le débit, la fluidité, la spontanéité : ils doivent être adaptés, bien régulés, variés et significatifs car l'intelligibilité du discours en dépend ;

• le regard, les pauses, les silences : le regard maintient le contact, les pauses sont souvent significatives : « Je m'arrête pour que vous prêtiez attention à ce que je viens de dire ou à ce que je vais dire. » ;

• la capacité à interagir : c'est ici que peuvent être évaluées les stratégies de compensation, de détournement, de contrôle et de correction. D'où l'intérêt de voir apparaître dans le *Cadre européen de référence*, en plus de la réception et de la production, l'évaluation de la capacité à interagir oralement, de collaboration dans la construction du sens. Ce sont là des composantes fondamentales de l'oral.

La prononciation

Le linguiste Harris a tenté d'établir une grille d'évaluation de l'entretien dirigé. L'un de ses avantages est de permettre à l'examinateur de valoriser (toujours sur cinq points) une bonne production, dans des domaines aussi différents que la prononciation ou la compréhension.

En ce qui concerne la prononciation, voici cette grille (la grille complète figure en annexe p. 200).

5 points	Peu de traces d'accent étranger.
4 points	Toujours intelligible, malgré un accent spécifique.
3 points	Difficultés de prononciation qui exigent une attention soutenue et conduisent quelquefois au malentendu.
2 points	Très difficile à comprendre à cause de sa prononciation. On doit souvent lui demander de répéter.
1 point	Difficultés de prononciation si graves que le discours est pratiquement inintelligible.

La pondération

Je revendique toujours une part de subjectivité dans la note attribuée à un candidat. Si l'on essaye à tout prix de la supprimer, on risque de rendre les enseignants très mal à l'aise. Les examinateurs et les enseignants sont des professionnels formés. D'un autre côté, il ne s'agit pas non plus de laisser libre cours à la subjectivité, qui doit être réduite autant qu'on le peut et c'est là le rôle des barèmes.

Il est plus simple, surtout lors de l'évaluation de la production orale, et lorsque l'enseignant a bien assimilé les critères sur lesquels il devra se prononcer, d'entourer un chiffre sur une grille, que de réfléchir à la note qu'on va attribuer pour un des critères. C'est pourquoi tous les barèmes de cet ouvrage sont présentés sous forme de grille.

Les critères entrant dans l'évaluation peuvent concerner :

– le respect et la compréhension de la consigne ; son non-respect peut indiquer que l'apprenant ne l'a pas comprise. Aux niveaux élémentaires (A1.1, A1, voire A2), ce problème peut être éludé grâce à l'utilisation de la langue maternelle de l'apprenant. Aux autres niveaux, la consigne fait partie intégrante de l'activité d'évaluation. Cependant, comme l'activité est élaborée en fonction de l'objectif que reflète la consigne, si l'élève ne la respecte pas, l'objectif ne peut être évalué. Selon le degré de complexité de l'activité, on attribuera à ce critère un plus ou moins grand nombre de points ;

– le fond : à chacun de choisir ses critères d'évaluation ;

– la forme : les critères extralinguistiques peuvent faire l'objet d'une grille à part lorsque ce n'est pas l'examinateur qui note le fond. Dans ce cas, elle comportera des appréciations sur :

• la performance globale,
• l'attitude générale et les gestes et les mimiques expressifs,
• les pauses significatives.

La pondération des barèmes de production orale par niveaux

En fonction des activités d'évaluation et des consignes données, on pourra retenir les critères suivants, et leur donner le nombre de points que l'on juge nécessaires en fonction de l'objectif.

• Grille pour un descripteur de niveau A1

Monologue suivi : décrire l'expérience
Peut se décrire, décrire ce qu'il/elle fait, ainsi que son lieu d'habitation.

Compréhension de la consigne	0	0,5	1				
Performance globale	0	0,5	1	1,5	2		
Structures simples correctes	0	0,5	1	1,5	2	2,5	3
Lexique approprié (décrire quelqu'un)	0	0,5	1	1,5	2		
Correction phonétique	0	0,5	1	1,5	2		

• Grille pour un descripteur de niveau A2

S'adresser à un auditoire
Peut faire un bref exposé élémentaire, répété, sur un sujet familier.

Compréhension de la consigne	0	0,5	1				
Performance globale	0	0,5	1	1,5	2		
Structures du niveau A2 correctes	0	0,5	1	1,5	2		
Lexique approprié (raconter)	0	0,5	1	1,5	2	2,5	3
Correction phonétique	0	0,5	1	1,5	2		

• Grille pour un descripteur de niveau B1

Monologue suivi : argumenter (par exemple, lors d'un débat)
Peut développer une argumentation suffisamment bien pour être compris sans difficulté la plupart du temps.

Respect de la consigne	0	0,5	1				
Performance globale	0	0,5	1				
Morphosyntaxe	0	0,5	1	1,5	2		
Adéquation de l'argumentation	0	0,5	1	1,5	2	2,5	3
Lexique approprié	0	0,5	1	1,5	2		
Correction phonétique	0	0,5	1				

• Grille pour un descripteur de niveau B2

Monologue suivi : argumenter (par exemple, lors d'un débat)
Peut développer une argumentation claire, en élargissant et confirmant ses points de vue par des arguments secondaires et des exemples pertinents.

Respect de la consigne	0	0,5	1	1,5	2				
Clarté de l'argumentation, capacité à organiser son propos	0	0,5	1	1,5	2	2,5	3	3,5	4
Présence d'articulateurs	0	0,5	1	1,5	2				
Présence d'arguments secondaires et d'exemples	0	0,5	1	1,5	2	2,5	3		
Morphosyntaxe	0	0,5	1	1,5	2	2,5	3	3,5	4
Lexique approprié	0	0,5	1	1,5	2	2,5	3	3,5	4
Correction phonétique	0	0,5	1						

• Grille pour un descripteur de niveau C1

Annonces publiques
Peut faire une annonce avec aisance, presque sans effort, avec l'accent et l'intonation qui transmettent des nuances fines de sens.

Respect de la consigne	0	0,5	1						
Précision et cohérence du propos	0	0,5	1	1,5	2	2,5	3	3,5	4
Présence d'articulateurs adéquats	0	0,5	1	1,5	2	2,5	3		
Morphosyntaxe, utilisation de structures complexes	0	0,5	1	1,5	2	2,5	3	3,5	4
Lexique précis et adéquat	0	0,5	1	1,5	2	2,5	3	3,5	4
Aisance, fluidité, débit qui concourent à l'intelligibilité du propos	0	0,5	1	1,5	2	2,5	3	3,5	4

• Grille pour un descripteur de niveau C2

S'adresser à un auditoire
Peut présenter un sujet complexe, bien construit, avec assurance, à un auditoire pour qui il n'est pas familier, en structurant et adaptant l'exposé avec souplesse pour répondre aux besoins de cet auditoire.

Performance globale	0	0,5	1	1,5	2	2,5	3
Pertinence et cohérence du propos (clarté de l'exposé, illustration par des exemples bien choisis)	0	0,5	1	1,5	2	2,5	3

Adaptation à l'auditoire	0	0,5	1	1,5	2				
Morphosyntaxe, utilisation de structures complexes	0	0,5	1	1,5	2	2,5	3	3,5	4
Lexique précis et adéquat	0	0,5	1	1,5	2	2,5	3	3,5	4
Spontanéité et aisance dans l'expression, pertinence de l'extralinguistique	0	0,5	1	1,5	2	2,5	3		
Correction phonétique	0	0,5	1						

L'ÉVALUATION DE LA PRODUCTION ÉCRITE

Dans les activités de production écrite, le rédacteur écrit pour être lu. En situation de classe, il sera lu par l'enseignant et par ses pairs ; en situation de la vie « réelle », il connaît son destinataire et adapte donc ses écrits en fonction de lui.

La pondération des barèmes de production écrite par niveaux

• Grille pour un descripteur de niveau A1

Écriture créative
Peut écrire des phrases et des expressions simples sur lui / elle-même et des personnages imaginaires, où ils vivent et ce qu'ils font.

Compréhension de la consigne	0	0,5	1	1,5	2
Performance globale	0	0,5	1	1,5	2
Structures simples correctes	0	0,5	1	1,5	2
Lexique approprié (décrire, domaine privé)	0	0,5	1	1,5	2
Présence d'articulateurs très simples, comme « et » et « mais »	0	0,5	1	1,5	2

• Grille pour un descripteur de niveau A2

Écriture créative
Peut faire une description brève et élémentaire d'un événement, d'activités passées et d'expériences personnelles.

Respect de la consigne	0	0,5	1	1,5	2
Performance globale	0	0,5	1	1,5	2

Pertinence des informations données	0	0,5	1	1,5	2				
Structures simples correctes, présence des temps du passé	0	0,5	1	1,5	2	2,5	3		
Lexique approprié (décrire)	0	0,5	1	1,5	2	2,5	3	3,5	4
Présence d'articulateurs très simples, comme « et », « mais » et « parce que »	0	0,5	1	1,5	2				

• Grille pour un descripteur de niveau B1

Essais et rapports
Peut résumer avec une certaine assurance une source d'informations factuelles sur des sujets familiers courants et non courants dans son domaine, en faire le rapport et donner son opinion.

Respect de la consigne	0	0,5	1				
Performance globale	0	0,5	1	1,5	2		
Articulation et cohérence du rapport (structuration, présence d'articulateurs)	0	0,5	1	1,5	2	2,5	3
Pertinence du résumé des informations	0	0,5	1	1,5	2	2,5	3
Morphosyntaxe (temps, structures, complexité des phrases)	0	0,5	1	1,5	2	2,5	3
Lexique approprié (reformuler, donner son opinion)	0	0,5	1	1,5	2	2,5	3

• Grille pour un descripteur de niveau B2

Essais et rapports
Peut synthétiser des informations et des arguments venant de différentes sources.

Respect de la consigne	0	0,5	1						
Performance globale	0	0,5	1	1,5	2				
Respect du destinataire (registre en adéquation)	0	0,5	1	1,5	2				
Articulation et cohérence de la synthèse (structuration, présence d'articulateurs)	0	0,5	1	1,5	2	2,5	3		
Pertinence de la reformulation	0	0,5	1	1,5	2	2,5	3	3,5	4
Morphosyntaxe (temps, structures, complexité des phrases)	0	0,5	1	1,5	2	2,5	3	3,5	4
Lexique précis et approprié	0	0,5	1	1,5	2	2,5	3	3,5	4

• Grille pour un descripteur de niveau C1

Écriture créative
Peut écrire des textes descriptifs et de fiction clairs, détaillés, bien construits dans un style sûr, personnel et naturel approprié au lecteur visé.

Respect de la consigne	0	0,5	1	1,5	2						
Respect du destinataire (registre en adéquation)	0	0,5	1	1,5	2						
Articulation et cohérence de la production (structuration, développement, articulateurs adéquats)	0	0,5	1	1,5	2	2,5	3	3,5	4	5	6
Morphosyntaxe (temps, structures, complexité des phrases, usage des relations logiques)	0	0,5	1	1,5	2	2,5	3	3,5	4	5	
Lexique varié, précis et approprié	0	0,5	1	1,5	2	2,5	3	3,5	4	5	

• Grille pour un descripteur de niveau C2

Essais et rapports
Peut produire des rapports, articles ou essais complexes et qui posent une problématique, ou donner une appréciation critique sur le manuscrit d'une œuvre littéraire de manière limpide et fluide.

Respect de la consigne	0	0,5	1	1,5	2					
Respect du destinataire (registre en adéquation)	0	0,5	1	1,5	2					
Problématique apparente et bien posée	0	0,5	1	1,5	2					
Articulation et cohérence de la production (structuration, développement, articulateurs variés et adéquats)	0	0,5	1	1,5	2	2,5	3	4	5	6
Morphosyntaxe (temps, structures, complexité des phrases)	0	0,5	1	1,5	2	2,5	3	3,5	4	
Lexique précis et approprié	0	0,5	1	1,5	2	2,5	3	3,5	4	

LES COMPÉTENCES (PAS SI) PASSIVES (QUE ÇA)

L'ÉVALUATION DE LA COMPRÉHENSION DE L'ORAL

Étape essentielle de la communication, la compréhension de l'oral précède toujours l'expression et met en œuvre des capacités intellectuelles variées (repérage d'indices, recherche d'une information, sélection d'une information parmi d'autres, regroupement de plusieurs informations, inférences…).

Mieux on comprendra des oraux de diverses sources, mieux on pourra se les approprier pour communiquer efficacement.

En présentiel, en face à face, une multitude d'indices facilitent la compréhension (gestes, mimiques de l'interlocuteur, statut de cet interlocuteur, contexte visuel…). En situation d'évaluation, l'écoute d'un document uniquement audio ne permet pas cette facilitation.

C'est pourquoi les compétences attendues en compréhension doivent être définies avec rigueur. Il est fréquent que les questions posées portent souvent davantage sur la structure de la phrase ou sur les mots de vocabulaire que sur la démarche d'écoute proprement dite à partir d'un document authentique.

Les situations de compréhension orale doivent également être définies avec le plus grand soin.

Les objectifs d'apprentissage liés à la compréhension orale

L'objectif principal est d'évaluer si le document proposé à l'écoute a été compris, soit globalement, soit de façon détaillée, fine et analytique.

En dehors de la compréhension et en fonction du niveau et du document, on peut également retenir des objectifs :

– phonétiques : repérage de sons, d'accents, discrimination de phonèmes ;
– lexicaux : découverte, reconnaissance, hypothèses sur le sens ;
– linguistiques : repérage de structures ;
– socioculturels : repérage et hypothèses sur registres, niveaux de langue, civilisation ;
– discursifs : repérage de thèmes, de mots-clés, d'articulation ;
– stratégiques : prise de note, reconnaissance d'argumentations.

L'ÉVALUATION DE LA COMPRÉHENSION DES ÉCRITS

L'appellation « compétence passive » est souvent impropre pour ce qui concerne la compréhension des écrits, car la lecture est une activité qui est loin d'être passive. L'activité de lecture relève d'un processus interactif au cours duquel le lecteur fait en permanence la liaison entre l'information donnée et ses propres connaissances antérieures, qui vont lui permettre de comprendre cette information et d'en inférer le sens.

Le lecteur repère des indices (visuels, sémantiques, syntaxiques) et les utilise pour faire des hypothèses sur le sens. Elles sont ensuite confirmées ou non, parfois ajustées, au fur et à mesure qu'il avance dans sa lecture.

Les stratégies de lecture qui sont ainsi mises en œuvre ne peuvent être mesurées, c'est uniquement leur résultat qu'on évalue.

La pondération des barèmes de compréhension

On ne peut proposer de grilles standard pour l'évaluation de la compréhension. Ces grilles sont totalement liées au document sonore ou écrit proposé et à l'activité qui est élaborée.

On peut classer ces dernières en trois grands types, en fonction de ce qu'elles permettent d'évaluer :

– la compréhension littérale : repérage et relevé d'informations factuelles explicites ;
– l'interprétation : la façon dont les informations peuvent être comprises ;
– l'analyse et la critique : ce que le lecteur retransmet de ce que l'auteur a voulu dire.

Les barèmes seront éventuellement pondérés. On en trouvera des exemples, pour chacun des niveaux, dans les fiches d'activités d'évaluation.

Le cas de la compréhension des écrits

Le *Cadre européen commun* distingue cinq raisons pour lesquelles un individu est amené à lire. La lecture « plaisir » n'en fait pas partie. Les descripteurs de compétences sont déclinés en fonction de :

– comprendre la correspondance ;
– lire pour s'orienter ;
– lire pour s'informer et discuter ;
– lire des instructions.

Chapitre 6 L'auto-évaluation : le cas des Portfolios européens des langues

Enfants, adolescents ou adultes, tous peuvent tirer parti d'une auto-évaluation de leurs progrès, à condition d'avoir reçu une formation qui leur garantisse la justesse de leur jugement.

UNE APPLICATION DU CADRE EUROPÉEN COMMUN : LES PORTFOLIOS EUROPÉENS DES LANGUES

Leur création, décidée en 1991, en même temps que celle du *Cadre européen commun*, a donné lieu à l'élaboration de portfolios dans une quarantaine de pays. Les portfolios pilotes ont été expérimentés pendant deux ans avant d'être généralisés pendant l'année européenne des langues, en 2000. Tout nouveau *Portfolio européen des langues* doit obtenir la validation du Conseil de l'Europe pour être homologué.

Qu'est-ce que c'est ?

Les *Portfolios* sont des documents, qui se présentent sous la forme de petits livrets, dans lesquels les utilisateurs peuvent consigner toutes leurs connaissances linguistiques et culturelles, dans quelle que langue que ce soit, qu'elles aient été acquises dans le système scolaire ou en dehors.

Pour en savoir plus : http://culture2.coe.int/portfolio/inc.asp?L=F&M=$t/208-1-0-1/mainpages/./&L=F&M=$t/208-1-0-1/mainpages/introductionf.html

Tous les *Portfolios* ont deux fonctions.

• **Une fonction d'information**. Les portfolios servent au moins deux utilisateurs finaux : les autorités éducatives et les futurs employeurs. Les données qui y sont consignées font dans le premier cas l'office d'un bulletin scolaire et indiquent le niveau auquel se trouve le propriétaire, et jouent, dans le second cas, le rôle d'un curriculum vitae « spécial langues ». Les compétences acquises sont définies en fonction des niveaux du *Cadre européen commun*, elles sont de ce fait comparables pour toutes les langues et transposables à tous les systèmes.

• **Une fonction pédagogique**. Consigner et visualiser ses progrès est motivant. Les portfolios présentent toujours les résultats de l'auto-évaluation sous une forme positive, valorisante. Connaître les efforts qui restent à faire permet de planifier son apprentissage, de réfléchir aux degrés de compétences que l'on souhaite acquérir, fussent-ils partiels.

Tous les *Portfolios* sont composés de trois parties.

• **Un passeport**, dont la forme est commune à tous les portfolios européens, et que l'utilisateur peut compléter au fur et à mesure de ses apprentissages scolaires ou extrascolaires. Dans le passeport, une grille d'auto-évaluation permet de déterminer son niveau, pour chaque compétence langagière, dans chacune des langues que l'on maîtrise peu ou prou. La grille d'auto-évaluation du *Cadre européen commun* est reproduite en annexe (p. 202).

• **Une biographie langagière**, qui lui permet d'indiquer ses compétences linguistiques et culturelles et l'aide pour son auto-évaluation.

• **Un dossier**, dans lequel il peut rassembler ce qu'il considère comme des preuves de ses compétences : des travaux personnels, des diplômes obtenus au cours des années.

Le concept, la philosophie

Les objectifs que le *Portfolio européen des langues* cherche à atteindre reflètent ceux du Conseil de l'Europe. Cet outil devrait « permettre à tous les Européens, dès le plus jeune âge, de devenir des citoyens plurilingues disposant de compétences interculturelles. Cet objectif général permettrait notamment d'approfondir la compréhension mutuelle des citoyens en Europe dans le respect et la protection des diversités culturelles et des modes de vie ; de permettre la poursuite de l'apprentissage des langues tout au long de la vie ; de contribuer au développement de l'autonomie de l'apprenant en langues ; de promouvoir la cohérence et la transparence des programmes de langues ; de décrire clairement les qualifications pour faciliter la mobilité ».

À quoi sert un portfolio ?

John Trim a défini de façon exhaustive les objectifs des portfolios. Ils sont au nombre de onze :

– encourager le plurilinguisme et le développement interculturel dès le plus jeune âge ;

– renforcer et soutenir la motivation ;

– simplifier, pour les employeurs, la reconnaissance des compétences en langues et donc faciliter la mobilité professionnelle et éducative ;

– simplifier, pour les autorités éducatives, cette reconnaissance, en cas de changement d'établissement scolaire ;

– améliorer la cohérence entre les systèmes éducatifs ;

– améliorer, chez les apprenants et les enseignants, la prise de conscience des objectifs et des méthodes d'apprentissage des langues ;

– créer ou renforcer, chez l'apprenant, une aptitude à planifier, gérer et évaluer son propre apprentissage ;

– permettre aux apprenants de rendre compte de leurs apprentissages dans différentes langues ;

– présenter les compétences en langues de façon actualisée, transparente et positive ;

– permettre aux parents de suivre et d'encourager les progrès linguistiques des enfants ;

– encourager les autorités éducatives, les organisateurs de cours et d'examens à être plus transparents et à donner plus d'informations sur le contenu linguistique et culturel des programmes et des diplômes.

À chaque âge son portfolio

En dehors du passeport de langues, commun à tous les portfolios, chaque pays a mis au point une série de portfolios adaptés aux classes d'âge, aux systèmes éducatifs et à la diversité des situations d'enseignement. Les portfolios peuvent ainsi prendre en compte les situations spécifiques : on pense actuellement en France à réaliser un portfolio pour la langue des signes française (LSF) destiné aux personnes malentendantes.

Il en existe donc plusieurs modèles, qui couvrent tous les âges de la vie, l'apprentissage des langues ne pouvant s'arrêter à la sortie du système scolaire.

◗ Un exemple pour les écoles primaires

En France, *Mon Premier Portfolio des langues*[1] est destiné aux enfants de 6 à 11 ans. Il permet à plusieurs milliers d'enfants, environ une fois par trimestre, de sortir de leur cartable leur portfolio et de discuter, avec leurs propres mots, entre eux et avec leur maître de sujets aussi sérieux que « l'interculturel » ou « les compétences langagières »...

Il a naturellement été nécessaire de réécrire en langage compréhensible par des enfants les descripteurs du niveau A1 du *Cadre européen commun*. Après plusieurs essais, il a été décidé de reformuler les descripteurs en termes de tâches langagières communicatives.

1. Élaboré par le Centre international d'études pédagogiques de Sèvres.

Un exemple de cette démarche pour la production orale, niveau A1 :

Descripteur du *Cadre européen commun*	Reformulation pour *Mon Premier Portfolio des langues*
Je peux communiquer à condition que l'interlocuteur soit prêt à répéter ou à reformuler plus lentement et à m'aider à formuler ce que j'essaie de dire. Je peux poser des questions simples sur des sujets familiers ou qui correspondent à des besoins immédiats. Je peux répondre à ces mêmes questions. Je peux utiliser des expressions et des phrases simples pour décrire mon lieu d'habitation et les gens que je connais.	**Quand je parle, je peux...** **répondre** à des questions, dire qui je suis, dire que je ne comprends pas, demander de répéter **poser des questions, demander** comment on dit, **parler** de l'endroit où j'habite, des gens que je connais **demander** quelque chose ou demander de faire quelque chose, remercier

Les descripteurs du référentiel d'origine, formulés en tâches communicatives, avec des verbes actifs, à l'infinitif, permettent d'observer les productions.

Le même travail a été réalisé pour chacune des quatre capacités (production et réception orales et écrites).

L'auto-évaluation

Estimer ses propres compétences pour la première fois de sa vie est une tâche difficile à mener, autant pour un adulte que pour un enfant. Il est donc souhaitable de préparer l'élève à l'auto-évaluation, en posant des questions du type « Est-ce que tu penses que tu es capable de décrire ta famille ? » ; « Est-ce qu'à ton avis, tu peux, sans te tromper, écrire une liste de choses à acheter ? » puis de proposer aux enfants des fiches d'auto-évaluation de la compétence visée.

L'utilisation des fiches d'auto-évaluation comporte de nombreux avantages. Elles permettent par exemple :

– de faire réfléchir l'enfant sur des critères concrets : par exemple, pour la compétence « Savoir décrire sa famille », l'élève peut réfléchir sur « je suis capable de décrire ma mère », ou sur « je peux parler du métier de ma sœur », ou encore sur « je peux dire où habitent mes grands-parents » ;

– de garder une trace de la réflexion de l'enfant sur ses compétences. Cela permet, en fonction de l'emplacement des croix : « Je peux le faire sans difficulté » ou « je commence seulement à pouvoir le faire », de lui faire comprendre qu'il s'est sous-estimé ou surestimé ;

– de répéter cette activité à des dates différentes pour faire prendre conscience à l'élève de ses progrès.

On le voit, ce type de réflexion est formateur. On peut réellement parler ici d'évaluation « participative », car elle ne cherche pas à noter la performance de l'élève mais à l'informer sur ce qu'il sait faire et sur ce qui lui reste à apprendre pour savoir faire.

La vérification des résultats de l'auto-évaluation peut prendre la forme d'un jeu de rôle ou d'une simulation de la tâche communicative sur laquelle l'élève est amené à se prononcer.

Un exemple de fiche d'auto-évaluation :

Expression orale **EXPLIQUER UN JEU**			
Je suis capable...	☺	😐	☹
1. de décrire les règles du jeu (qui commence ? combien de joueurs ? qui fait quoi ? combien de temps ça dure ? à quel moment on gagne ?)			
2. d'expliquer comment on commence le jeu			
3. d'expliquer le déroulement du jeu			
4. de dire ce qu'on n'a pas le droit de faire			
5. d'expliquer autrement si on ne me comprend pas			
COMPÉTENCE :	date	date	date
confirmée			
en cours d'acquisition			
non encore acquise			

Le Portfolio pour le collège[2]

Ce document, qui se présente sous la forme d'un livret individuel pour l'élève, comprend les trois parties communes à tous les *Portfolios* : passeport, biographie langagière et dossier.

Il a trois compléments, qui n'existent pas dans les autres portfolios.

• Il comporte un chapitre qui permet à l'élève de prendre conscience que la façon dont il a appris une langue à l'école primaire ou dont il a appris une autre langue en dehors du système scolaire (sa langue maternelle par exemple) va l'aider à apprendre plus facilement une nouvelle langue étrangère.

• Il propose à l'élève « des astuces et des méthodes » pour améliorer sa façon de parler, pour apprendre de nouveaux mots, pour mieux comprendre et vérifier ce qu'il entend, pour comprendre et vérifier ce qu'il lit, pour relire et améliorer ses propres textes, pour augmenter ses connaissances grammaticales, pour se donner de l'assurance et pour se servir des autres langues qu'il connaît.

2. V. Castellotti, D. Coste, D. Moore, C. Tagliante, *Portfolio européen des langues, collège*, Paris, éditions Didier, 2004.

• Un livret séparé, intitulé « Les langues et leur diversité », propose une série d'activités à faire seul ou en classe, pour découvrir les langues du monde et les personnes qui les parlent. Ce livret, particulièrement adapté à cette classe d'âge, foisonne d'activités simples et concrètes. Leur objectif est de motiver les enfants à découvrir par eux-mêmes que dans leur entourage immédiat, où qu'ils habitent, des gens parlent ou ont parlé lorsqu'ils étaient enfants d'autres langues que le français, et à les aider ainsi à se tenir à l'écart de la discrimination et de la xénophobie.

Chapitre 7

Comment les autorités éducatives prennent-elles en compte le Cadre européen commun ?

EN FRANCE

DANS LE SYSTÈME SCOLAIRE

Le ministère français de l'Éducation nationale a officiellement adopté le *Cadre européen commun* pour l'élaboration des programmes de langues. Pour la première langue vivante, les niveaux que doivent atteindre les élèves français sont respectivement A1 en fin d'école primaire, B1 en fin de troisième (brevet des collèges) et B2 en fin de lycée (baccalauréat).

EN FRANÇAIS LANGUE ÉTRANGÈRE, UN TEST NATIONAL DE RÉFÉRENCE : LE TCF

Créé par arrêté ministériel[1], le test de connaissance du français (TCF) est le test du ministère de l'Éducation nationale[2]. Il est obligatoire pour les étrangers non francophones qui souhaitent s'inscrire en premier cycle dans un établissement français d'enseignement supérieur, mais tout type de public peut s'y présenter, pour des raisons professionnelles ou personnelles. Il se présente sous la forme d'un QCM de 80 items portant sur la compréhension orale, les structures de la langue et la compréhension écrite et comporte des épreuves facultatives d'expression orale et écrite.

Il s'agit d'un outil d'évaluation rigoureux, standardisé et calibré. De par ses qualités psychométriques, il constitue un véritable instrument de mesure de la connaissance en français. Tout au long des sessions et quelle que soit la version du test, les résultats restent fiables et comparables.

1. Arrêté du 21 novembre 2003.
2. Le TCF a été conçu et développé par le Centre international d'études pédagogiques, établissement public sous tutelle du ministère de l'Éducation nationale, organisme certificateur membre de ALTE.http://www.ciep.fr

Le processus de production du test passe par les cinq grandes étapes classiques des tests normés : commande d'items, sélection, prétests, analyses des résultats pour la constitution de la banque d'items, publication du test.

DANS L'ENSEIGNEMENT SUPÉRIEUR

Le CLES

Le CLES (Certificat de compétences en langues de l'enseignement supérieur) se décline en trois niveaux de qualification (1er, 2e, 3e degré), définis respectivement par référence aux niveaux B1, B2 et C1 du *Cadre européen commun de référence*. Le 1er degré se situe au-delà du niveau d'exigence moyen de la langue vivante 1 au baccalauréat.

Il a été créé par arrêté (22 mai 2000) pour :

• attester la capacité des étudiants spécialistes d'autres disciplines que les langues d'utiliser une langue étrangère en liaison avec les études poursuivies ;

• offrir à l'ensemble des étudiants, sur tout le territoire, les moyens d'acquérir et de voir reconnues leurs compétences dans deux langues étrangères.

Il s'adresse à tous les étudiants, quelle que soit leur discipline. Il n'est pas lié au diplôme de spécialité dans lequel l'étudiant est inscrit et n'implique pas de pré-requis.

Il porte mention de la langue et du niveau de qualification obtenu. Il est délivré à l'étudiant, au plus tard, au moment où il acquiert le diplôme ou le titre validant la formation de spécialité.

Le DCL

Le DCL[3] (Diplôme de compétences en langues) est harmonisé sur les niveaux du *Cadre européen commun*. Il comporte quatre degrés et atteste les compétences acquises en langue de communication usuelle et professionnelle communes à l'ensemble des secteurs d'activité économique.

Un examen unique est organisé à chaque session pour l'ensemble des quatre degrés. Le DCL évalue la capacité à communiquer en situation professionnelle. Il existe en allemand, anglais, espagnol et italien et n'implique pas de pré-requis.

L'épreuve est originale et bien conçue. Elle se déroule en cinq parties, d'une durée totale de trois heures et nécessite la présence, dans le jury, d'un spécialiste du domaine de spécialité du candidat.

3. Il a été créé par l'arrêté du 13 octobre 1995.

Cette épreuve est présentée sous la forme d'un scénario, selon une logique analogue à celle des études de cas : une situation est à découvrir, des problèmes sont posés, des tâches sont à effectuer par le candidat. Les supports de l'épreuve sont constitués par des documents écrits, sonores et audiovisuels.

DANS QUELQUES AUTRES PAYS

En tant que membres du groupe ALTE, les organismes producteurs[4] des tests décrits ci-après adhèrent à une charte de qualité dont l'objectif est de respecter les standards formels d'élaboration de tests de langue. Les membres de ALTE, en adoptant le *Code de pratique* de cette association, se sont engagés à expliciter ces standards, de façon à faire connaître et reconnaître la qualité de leurs tests, tant auprès des producteurs d'examens que des utilisateurs.

Seul l'ETS (Educational Testing Service), producteur américain du TOEFL (Test of English as a Foreign Language), n'appartient pas au groupe ALTE.

Les procédures d'élaboration de ces tests normés et calibrés répondent à des standards internationaux qui exigent que plusieurs grandes étapes soient respectées.

1. La rédaction des items doit correspondre à des spécifications rigoureuses définies en fonction d'un niveau et des contenus qui y sont associés. La forme prévue pour l'item doit également être respectée (QCM ou autre type d'item).
2. La sélection des items produits se fait à plusieurs niveaux de vérification, externe et interne, jusqu'à consensus sur la validation ou le rejet de l'item.
3. La phase de pré-test, où les items sont administrés en situation de test à une population cobaye d'environ 500 personnes, permet de déterminer les qualités exactes de l'item. Cette étape est indispensable pour garantir les qualités psychométriques de chaque item devant figurer dans le test.
4. L'analyse des résultats des réponses au pré-test se fait par des procédures psychométriques qui permettent de vérifier la qualité de l'item, son bon fonctionnement, puis de le calibrer à son juste niveau.
5. La constitution de la banque d'items.
6. Et enfin, la publication du test à administrer.

Des trois tests présentés ici, tous, sauf le TOEFL, ont été conçus dans le respect absolu des niveaux de l'échelle de compétence du *Cadre européen commun*. Tous répondent aux standards internationaux.

4. Cambridge-ESOL pour le test IELTS ; les universités allemandes pour le test TestDaf ; le Centre international d'études pédagogiques pour le test TCF.

ÉTATS-UNIS

Le TOEFL : Test of English as a Foreign Language

http://www.ets.org/toefl/

Conçu dans les années 1940 par l'ETS, le TOEFL se présente sous la forme d'un QCM. Il est obligatoire pour l'inscription à l'université des étudiants étrangers non anglophones.

Le TOEFL existe en deux versions : une version informatisée et une version papier. Il se présente sous la forme d'un QCM. La durée de passation est différente d'une version à l'autre : 3 h 30 pour la version papier, 4 h pour la version informatisée (30 minutes d'instructions pour l'utilisation de l'ordinateur).

• Le TOEFL assisté par ordinateur (TOEFL Computer Based Test) comporte quatre sections obligatoires d'une durée totale de 3h 20 maximum (compréhension orale : 30 à 49 questions ; structures : 20 à 25 questions ; compréhension écrite : 44 à 55 questions). Il n'évalue pas l'expression orale. Le score demandé par les universités est de 213 points minimum sur 300.

• Le TOEFL sur version papier ne comporte que trois sections : compréhension orale, structures et expression écrite. Un test d'expression écrite peut être présenté : le Test of Written English (TWE). D'une durée de 30 minutes, il sert à compléter les résultats au TOEFL pour les candidats désirant poursuivre leurs études dans une université américaine, voire canadienne. Il évalue la capacité à organiser ses idées, argumenter, utiliser un anglais écrit standard. Le score exigé de 550 points sur un total de 677.

L'attestation du TOEFL, comme celle de tous les grands tests internationaux, est valable deux ans.

ROYAUME-UNI

L'IELTS : International English Language Testing Service

http://www.ielts.org/

L'IELTS a été développé en 1989 et est géré conjointement par Cambridge ESOL (English for Speakers Of another Language), le British Council et l'IDP Education Australia[5]. Il est proposé dans 300 centres répartis dans 150 pays.

Il existe en deux formats correspondant à deux types de public : général (tout public) ou académique (inscription dans une université anglophone). Les quatre

5. International Development Program of Australian universities and colleges.

compétences linguistiques sont évaluées (compréhension orale : 40 items, 30 minutes ; compréhension écrite : 40 items, 60 minutes ; expression écrite : 2 tâches, 60 minutes ; expression orale : 10 à 15 minutes). Les épreuves de compréhension et d'expression écrites diffèrent selon le format choisi.

Les items ne se présentent pas uniquement sous la forme de QCM, ils comportent également des questions-réponses, des phrases à compléter, des classifications, des appariements, des titres à donner à un paragraphe.

Les résultats indiquent les compétences globales et détaillées par capacités. Les universités précisent le score exigé.

ESPAGNE

Les diplômes d'espagnol langue étrangère (DELE) sont harmonisés sur le *Cadre européen commun*.

ITALIE

Pays pilote pour avoir introduit les diplômes de ALTE de son système scolaire (projet *Lingue 2000*), l'Italie confie l'évaluation en langues à des organismes certificateurs étrangers.

ALLEMAGNE

Le TestDaF : Test für Deutsch als Fremdsprache

Le TestDaF a été développé entre 1998 et 2000 et est géré par l'Institut TestDaF, créé en 2001 à Hagen. Cette institution appartient à la Société pour la conception de tests de l'enseignement supérieur. Il est proposé dans 65 pays.

Le TestDaF est l'examen de référence pour la langue allemande. Il est destiné à tous ceux qui, disposant déjà de bonnes connaissances en allemand, sont désireux de les faire évaluer à des fins professionnelles, personnelles ou universitaires. Il est obligatoire pour l'inscription dans un établissement d'enseignement supérieur allemand (niveau C1 exigé).

Les quatre types de compétence linguistiques sont évalués (compréhension orale : 3 exercices, 40 minutes ; compréhension écrite : 3 exercices, 1 heure ; expression orale : 30 minutes ; expression écrite : 2 exercices, 1 heure).

Le TestDaF n'évalue pas l'ensemble des niveaux du *Cadre européen commun* : seuls les niveaux allant de B 2.1 à C1. 2 sont pris en compte.

Chapitre 8 Élaborer des activités d'évaluation

LES OUTILS D'ÉVALUATION

Ils sont extrêmement divers. Le tableau ci-après n'est pas exhaustif, chacun pouvant concevoir et élaborer des outils nouveaux, adaptés aux objectifs qu'il souhaite évaluer. Le classement adopté ici cite des outils « classiques ». Il permet de prendre en compte les catégories définies par Benjamin Bloom dans sa taxonomie (mémorisation, compréhension, application, analyse, synthèse, esprit critique) et celles proposées par les de Landsheere (maîtrise, transfert, expression).

• L'outil d'évaluation est dit « fermé » lorsque le type de réponse attendue est extrêmement simple (une croix dans une case, par exemple). Il s'agit d'un outil pratique pour évaluer l'acquisition des connaissances. Un questionnaire à choix multiples (QCM) est un outil fermé. Le QCM, en fonction du type de question posée, permet d'évaluer l'ensemble des capacités de la taxonomie de Bloom.

Son avantage est que l'évaluation sera totalement objective, la fidélité sera acquise.

• L'outil est dit « ouvert » lorsque l'appréciation entre en jeu. Le rôle de l'évaluateur est renforcé, il ne s'agit plus de comptabiliser les réponses justes ou erronées, mais d'appliquer un barème critérié et, tout en gardant sans cesse présent à l'esprit un souci d'objectivité, d'apprécier les performances, dans toutes leurs composantes.

Toute une gamme d'outils plus ou moins ouverts permet cette évaluation.

Le tableau de classement de la page suivante indique la correspondance entre le degré de complexité des objectifs à évaluer (maîtrise, transfert, expression) et le degré d'ouverture de l'outil d'évaluation (du QCM au sujet de création). Il ne peut cependant pas y avoir de correspondance exacte, le QCM, par exemple, pouvant évaluer aussi bien la mémorisation que la synthèse.

Évaluer une compétence complexe, c'est prendre en compte non seulement les divers savoirs et savoir-faire dont elle est constituée, mais également tout ce qui relève de la sensibilité, de l'imagination, de l'opinion personnelle et de l'affectivité de l'individu. En un mot, de sa personnalité. Dès que l'on quitte l'évaluation des connaissances élémentaires, la mesure se transforme en appréciation, les barèmes étant là pour canaliser la subjectivité de l'évaluateur et garantir à l'évalué la validité de son évaluation.

Classement des activités d'évaluation

Outils fermés	→	Outils ouverts
Objectifs simples	→	Objectifs complexes
CE QUI SE MESURE : réponse sans ambiguïté	QCM Tableau de production à double entrée Exercices d'appariement Exercices de classement Textes lacunaires Test de closure QROC Textes induits Analyses Comptes rendus Reformulations au tiers Sujets de synthèse Dissertations Créations MAÎTRISE – TRANSFERT – EXPRESSION	CE QUI S'APPRÉCIE : plusieurs possibilités sont admises, en fonction des critères

L'oral est éphémère

La parole s'envole, les écrits restent... C'est la sagesse populaire.

Cependant, l'oral est omniprésent en classe de langue, ou du moins devrait l'être.

L'opinion de l'enseignant sur le comportement verbal de l'apprenant pendant les activités d'apprentissage est importante. Indépendamment de cette opinion, c'est, comme à l'écrit, sur la réalisation de tâches langagières concrètes, correspondant à des objectifs précis d'apprentissage, que les performances orales doivent être évaluées.

Que sait dire l'apprenant ? Comment sait-il le dire ? Avait-il l'intention de le formuler ainsi ?

La compétence attendue sera vérifiée (mesurée ou appréciée) par l'observation de la performance réalisée.

Un exemple :

En simulation de conversation téléphonique, l'apprenant doit être capable de donner à son correspondant des explications sur l'endroit où se trouve un objet dont il a besoin et de demander qu'on le lui apporte.

• Objectif général : la localisation dans l'espace.

• Objectif opérationnel visé : rendre l'apprenant capable de décrire la localisation d'un objet.

La tâche fait partie du domaine privé de la vie quotidienne.

On trouvera, au chapitre suivant, une classification des épreuves de production orale. Des propositions de barèmes d'évaluation ont été présentées plus haut.

CONCEPTION D'UNE FICHE

Nous nous situons dans une perspective d'évaluation formative, qui n'exclut pas les activités d'évaluation sommative.

En fonction de ses objectifs, l'enseignant aura à élaborer deux types d'activités d'évaluation.

• Les premières s'utilisent en situation d'apprentissage. Ce sont celles que l'enseignant propose en classe, pendant le cursus d'apprentissage, de préférence en pédagogie interactive. Elles lui permettent de vérifier dans quelle mesure l'objectif spécifique sur lequel les élèves sont en train de travailler est maîtrisé. Ces activités-là aideront l'élève à comprendre ses erreurs et à les analyser avec l'aide de l'enseignant. Elles sont, par définition, une aide à l'apprentissage. Elles permettent par ailleurs à l'enseignant de repérer le type d'erreurs commises et de réguler son enseignement par des activités de remédiation. Lors de leur correction, elles s'accompagneront d'un commentaire, d'une remarque, qui renseigneront l'élève sur les raisons de sa réussite ou de son échec et sur le degré d'acquisition de l'objectif. Ces activités d'évaluation peuvent donner lieu à une note, mais pas obligatoirement.

• Les secondes activités s'utilisent en situation de contrôle. Elles font partie de la troisième étape de l'évaluation formative. Il s'agit d'une évaluation sommative intermédiaire ou finale. Elles permettent de vérifier les compétences acquises pendant la période complète de l'apprentissage. Elles donneront lieu à une note.

Ces deux types d'activités d'évaluation ne doivent pas être confondus. Les élèves doivent savoir s'ils sont soumis à une évaluation formative ou sommative. C'est la raison pour laquelle une activité d'évaluation formative notée risque de se transformer insidieusement en contrôle, qui ne prend pas en compte les individus mais uniquement leurs résultats.

Les fiches proposées dans le chapitre suivant comportent toutes un barème d'évaluation. Libre à l'enseignant de les utiliser en évaluation formative ou sommative.

Elles présentent une grille descriptive qui comporte les entrées suivantes.

Descripteur évalué

Il s'agit d'un ou de plusieurs descripteurs du *Cadre européen commun*, généralement précédé de sa catégorie (descripteur global ou détaillé).

Exemple pour une activité de compréhension des écrits au niveau B1 :

Descripteur évalué **Lire pour s'informer et discuter**	Peut identifier l'information pertinente sur la plupart des écrits simples rencontrés tels que lettres, brochures et courts articles de journaux décrivant des faits.

Fonction discursive

Elle décrit la fonction (acte de langage ou acte de parole) telle qu'elle apparaît dans les *Référentiels* :

Fonctions discursives (actes de langage)	Demander une information.

Objectif à maîtriser

Il reprend le descripteur de compétence, en termes d'observabilité. L'activité mesure-t-elle exclusivement et exactement ce que l'on a souhaité évaluer ?

Objectif à maîtriser	Être capable de repérer des informations simples, relatives à la vie quotidienne, dans un document de la vie quotidienne.

Savoirs requis

C'est un point qu'il est important d'avoir en mémoire : on ne saurait évaluer un élève sur des connaissances qu'il n'a pas encore étudiées.

Savoirs requis	Le passé composé

Type de tâche

La tâche langagière et communicative est-elle représentative d'une activité qu'un apprenant aurait réellement à faire dans la langue cible ?

Type de tâche	Repérer un horaire de train.

Public

Cet élément donne des informations sur le contenu thématique de l'activité. Les activités spécifiques aux adolescents et aux adultes ne conviennent pas aux enfants, qui ne trouvent pas d'intérêt aux thèmes qui y sont traités. Une activité sur la lecture sélective ayant comme support le sommaire d'un magazine d'actualité politique déroutera passablement un enfant.

Public	Adolescents, adultes

Niveau taxonomique

Il fait référence aux catégories taxonomiques de B. Bloom et à la trilogie de V. et G. de Landsheere. Le niveau taxonomique précise les capacités intellectuelles mises en œuvre dans la réalisation de la tâche. Comme nous l'avons vu plus haut, les catégories des deux spécialistes se recoupent et sont indissociables.

Niveau taxonomique	Maîtrise

Support

C'est l'indication complète du ou des supports utilisés, éventuellement avec citation de la ou des sources. Un guide des supports possibles pour les activités d'évaluation de chaque compétence langagière est proposé en introduction de chacun des niveaux.

Support	Un programme TV, magazine grand public

Domaine

Il reprend l'un des quatre domaines définis dans le *Cadre européen commun*.

Domaine	Public

Sous-domaine

Cette entrée n'est présente que lorsqu'elle est nécessaire pour préciser le domaine.

Sous-domaine	Lieux : mairie

LA DÉMARCHE

La démarche que l'on suit pour élaborer une activité d'évaluation dépend naturellement de ses objectifs mais comporte toujours :

– une fiche descriptive telle que présentée ci-dessus ;
– une consigne ;

– une grille de correction accompagnée ou non du barème de notation, selon que l'on souhaite ou non noter cette activité.

Sans se montrer trop perfectionniste, le concepteur d'activités d'évaluation doit respecter les qualités propres à la consigne, qui doit :
– être univoque ;
– formulée de façon à ce que la performance soit observable ;
– comporter des indications de durée ;
– indiquer éventuellement le seuil d'acceptabilité.

La grille de correction facilite l'évaluation, surtout lorsqu'il est fait appel à des correcteurs multiples. Elle définit, en fonction de l'objectif de l'activité, les critères qui devront être évalués.

Le barème attribue le nombre de points par critère. On ne peut cependant pas tout mesurer. Plus on avancera dans la complexité des objectifs et donc dans l'ouverture des outils d'évaluation, plus le correcteur s'impliquera dans sa façon d'apprécier les performances. Le barème est là pour endiguer sa subjectivité.

MATRICE D'ACTIVITÉS

Les matrices proposées ici suivent le degré d'implication intellectuelle défini dans les taxonomies citées. Les outils d'évaluation « fermés » et ceux dits « ouverts » reflètent ce degré de complexité, évoluant entre ce qui se mesure et ce qui s'apprécie. Entre les deux, toute une palette taxonomique est possible (voir tableau p. 88).

Les QCM (questionnaires à choix multiples)

Les formes que peuvent prendre les QCM sont multiples – c'est une des grandes richesses de ce type d'outil –, cependant le principe est toujours le même : l'élève a une décision à prendre, un choix à faire. Selon le type de QCM élaboré, on pourra évaluer la maîtrise de divers niveaux taxonomiques (maîtrise et transfert ; connaissances, compréhension, application et analyse), mais rarement les niveaux les plus hauts d'expression : création, synthèse et esprit critique. On a beaucoup critiqué l'importance que joue le hasard dans les QCM (certains linguistes les appellent « les choix heureux par ignorance »). Ces critiques sont peu fondées car il existe nombre de techniques qui permettent de réduire ce fait. On a pu dire également que le QCM était difficile à élaborer. C'est vrai, il faut une formation adéquate pour cela, afin de ne pas laisser passer d'erreurs trop grossières.

◗ Le QCM à deux ou trois choix, de type « Vrai » / « Faux », avec ou sans « ? »

L'appellation QCM est impropre ici puisque l'élève donne simplement son avis en espérant ne pas se tromper. La part laissée au hasard est grande puisque, selon le cas, elle est de 50 % ou de 33 %.

Ce type d'activité peut évaluer des savoirs ou des savoir-faire.

Si l'on inclut un « ? », il faut expliquer ce qu'il signifie :
– on ne peut pas répondre car la réponse (ou l'information) n'est pas présente dans le texte oral ou écrit ;
– les deux choix sont possibles ;
– l'élève n'a pas d'opinion sur le sujet ou ne connaît pas la réponse, etc.

Pour élaborer ce QCM

1. Chercher un document qui corresponde à l'objectif à évaluer ou créer un corpus, écrit ou oral.
2. Repérer, dans le texte ou dans le corpus, ce qui va faire l'objet d'une question.
3. Tracer le squelette de la grille de correction.
4. Rédiger les questions et, au fur et à mesure, placer les croix dans les cases correspondantes de la grille de correction (seule façon de vérifier que la réponse existe).
5. En dernier lieu, attribuer des points à chaque réponse correcte en pondérant éventuellement.

◗ Le QCM à trois, quatre ou cinq choix, avec une seule réponse correcte

Il comporte plusieurs items (questions) composés d'une amorce (ou stimulus), puis de distracteurs (les réponses incorrectes) et d'une clé (la réponse correcte).

Il peut également comporter un texte oral ou écrit comme support, avant la phrase amorce.

Chaque item isole un élément spécifique de la langue (morphosyntaxe, lexique) ou une capacité particulière (compréhension orale ou écrite [*discrete-point item*]). Chaque item est donc centré sur un seul objectif et permet de vérifier cet objectif et uniquement celui-là.

Un certain nombre de règles régissent l'élaboration des distracteurs et de la clé. En voici les principales.

• Les distracteurs doivent tous être efficaces et tous complètement erronés, mais doivent pouvoir fonctionner dans un autre contexte que celui donné par la phrase amorce. Ils doivent tous avoir la même force attractive que la réponse correcte. Ils ne doivent jamais proposer de mots incorrects ou qui n'existent pas.

Exemple

En littérature, un « alexandrin », c'est :

A. ☐ un habitant d'Alexandrie.
B. ☐ un vers de douze syllabes.
C. ☐ un prénom bien français.
D. ☐ le masculin d'Alexandrine.

• Le distracteur doit toujours être vraisemblable. Un distracteur non plausible (loufoque) serait aussitôt éliminé par le candidat par simple jugement de bon sens et réduirait ainsi le champ des choix possibles.

Exemple

Vous ne comprenez pas les explications du professeur. Vous lui dites :

A. ☐ Je n'avais pas compris.
B. ☐ Quelle heure est-il ?
C. ☐ Je n'ai pas compris.
D. ☐ Je n'aurais pas compris.

• La clé ne doit pas être formellement trop différente de la réponse correcte : elle ne doit pas être sensiblement plus longue ou plus courte. D'une façon générale, on a tendance à trop développer la clé pour être certain que l'élève la comprendra.

Exemple

Dans un texte, une « coquille », c'est :

A. ☐ une faute de frappe lorsqu'on saisit un manuscrit sur une machine.
B. ☐ un coquillage.
C. ☐ un texte sans intérêt.
D. ☐ un fruit de mer.

Pour élaborer ce QCM

1. Rédiger le premier item. Pour cela, rédiger tout d'abord l'amorce. S'il s'agit d'une question, éviter la double négation. Dans tous les cas, éviter les phrases trop longues.
2. Rédiger la clé en veillant à ce qu'elle ne soit pas plus longue que les distracteurs.
3. Rédiger ensuite les distracteurs en s'assurant qu'ils sont inexacts mais que dans un autre contexte, ils pourraient être exacts. Un mot ou une structure incorrects ne peuvent en aucun cas faire partie d'un QCM.
4. S'assurer que les distracteurs ne sont pas loufoques.
5. Préparer la grille de correction et y placer les croix au bon endroit : seule façon de s'assurer qu'il n'y a effectivement qu'une seule réponse correcte.
6. Rédiger l'item suivant.
7. Vérifier, vérifier et vérifier encore.

◗ LE QCM à plusieurs réponses correctes

Il se construit de la même façon mais il a toutes les réponses correctes sauf une.

◗ Le QCM à quatre choix, plus le choix « E »

Il s'agit du même type de QCM, mais il offre une possibilité supplémentaire, le choix « E » qui permet, si l'élève veut apporter une précision ou nuancer sa réponse, de cocher cette case et d'écrire son commentaire au verso de la feuille de réponses. Ce système, importé des États-Unis, permettrait de réduire le stress et la frustration face à un questionnaire où la seule façon de s'exprimer est de cocher une case.

◗ Avantages et inconvénients des QCM

Les avantages :
- la correction est objective et peut être automatisée ;
- la fidélité de la notation est garantie, la note ne peut plus être aléatoire.

Les inconvénients :
- le temps de conception et d'élaboration est important ;
- le temps de vérification de l'élaboration est également important ;
- les capacités intellectuelles supérieures sont difficiles à évaluer.

Le tableau de production à double entrée

La production de l'élève, dans ce type d'activité, correspond à un transfert et à une application des connaissances, à un niveau taxonomique peu élevé. Il s'agit de faire produire des phrases simples, qui témoigneront de sa compréhension du document oral ou écrit proposé. Quel que soit l'objectif évalué, les productions attendues seront courtes et guidées. La grille d'évaluation, détaillée, demandera néanmoins une appréciation du correcteur et devra donc clairement définir les critères.

Le texte lacunaire

Il est, de tous les outils d'évaluation, le plus employé en langue vivante pour évaluer les savoirs de type linguistique. Sa facilité d'élaboration, le fait qu'il n'évalue que ce que l'on souhaite vérifier (acquisition du vocabulaire, application de règles de grammaire) et sa rapidité d'administration, sont les raisons – les causes ? – principales de cet engouement. Si l'on respecte judicieusement les principes présentés dans la table de spécification, on devrait pouvoir limiter en % cette activité aux connaissances et à l'application.

Le test de closure[1]

La technique de ce test, qui consiste à supprimer un mot sur cinq d'un texte authentique afin de mesurer la capacité de compréhension, est très souvent détournée par les enseignants, qui suppriment une occurrence grammaticale ou lexicale pour la faire retrouver.

L'intérêt du test est tel qu'on a remarqué qu'il permet de repérer de nombreux types d'erreurs indépendantes de la compréhension. En voici un exemple, emprunté à G. de Landsheere[2]:

Dans le texte ci-dessous, écrivez dans chaque blanc (un seul mot par blanc) le mot qui vous paraît le plus vraisemblable :

De la 1 ________ famille que le cerf, 2 ________ renne est plus bas 3 ________ en même temps plus 4 ________ que lui. Ses jambes 5 ________ plus courtes et plus 6 ________, ses pieds sont plus 7 ________ et son poil plus 8 ________. Sa tête est ornée 9 ________ bois superbes qui lui 10 ________ à se défendre. Le 11 ________ vit par troupes nombreuses, 12 ________ les régions glaciales des 13 ________ continents. Il est surtout 14 ________ commun en Amérique où 15 ________ lui donne le nom 16 ________ caribou. Cet utile ruminant 17 ________ l'unique richesse des 18 ________ de l'extrême Nord 19 ________, sans lui, seraient inhabitées. etc.

Les mots originaux sont les suivants :

1. même	11. renne
2. le	12. dans
3. et	13. deux
4. gros	14. très
5. sont	15. on
6. massives	16. de
7. larges	17. constitue
8. fourni	18. contrées
9. de	19. qui
10. servent	

La grille et le barème d'évaluation ne sont pas toujours aisés à établir. Si l'objectif est la compréhension écrite, comment évaluer la production de l'élève qui a écrit « rêche » ou « rare » à la place du mot n° 8 « fourni » ? Ou qui n'a pas mis de « s » à massives, mot n° 6 ?

1. De l'anglais *closing up*, compléter mentalement les parties manquantes d'un test. Ce test, élaboré en 1953 par W. Taylor, servait soit à évaluer la capacité de lecture d'un sujet, soit à évaluer la lisibilité d'un texte. Il consiste à faire reconstituer un texte écrit dont un mot sur cinq a été supprimé.
2. *Le Test de closure, mesure de la lisibilité et de la compréhension*, Bruxelles, Labor / Paris, Nathan, 1973.

Voilà pourquoi les enseignants préfèrent supprimer toutes les occurrences d'une même catégorie, comme par exemple les déterminants, les substantifs accordés, afin de n'évaluer que la maîtrise de cette catégorie. En cela, le test de closure rejoint le texte lacunaire, à la différence que ce dernier est le plus souvent conçu par l'enseignant.

L'appariement

Cette activité sert à évaluer la capacité de l'élève à percevoir la cohérence d'une phrase simple ou complexe, à travers ses différents éléments : sa nature, sa logique interne, son registre de langue, son émetteur et son destinataire, etc.

Les phrases sont scindées au niveau d'une articulation et l'élève doit, à l'aide de flèches, relier les deux éléments. Dans la grille de correction, on veillera à ce que deux fins de phrases ne puissent pas être attribuées, sémantiquement, à la même amorce.

Le classement

Bien connu des concepteurs d'épreuves d'examen, cette activité suppose, de la part de l'élève, des compétences en lecture sélective. De même que l'appariement, mais à un niveau taxonomique supérieur, elle sert à évaluer la capacité de l'élève à repérer des éléments du discours constitutifs de sa cohérence interne (plan, amorces de paragraphes, articulateurs, connecteurs, logique interne...).

Le QROC : questionnaire à réponses ouvertes courtes

En langue vivante, le QROC est un test de production minimale, qui fait appel au premier niveau taxonomique, celui de la maîtrise de la connaissance. Il est peu utilisé sous cette forme car il existe nombre d'outils plus rentables pédagogiquement pour par exemple faire le point sur l'apprentissage des conjugaisons.

Une des utilisations possibles consiste à demander à l'élève son opinion en une phrase sur ce que l'on peut dire ou écrire à telle personne dans une situation donnée. Par exemple :

– *Selon vous, que peut-on dire à quelqu'un qui vient de réussir son examen ?*

– *Que diriez-vous si on vous invite au restaurant et que vous avez déjà dîné ?*

– *Quel message laissez-vous sur la porte de votre mère pour lui dire que vous ne l'avez pas trouvée chez elle ?*

– etc.

Ce type d'activité a l'avantage d'être facile à élaborer et de laisser à l'élève une initiative non négligeable dans le choix des termes et des structures qu'il utilisera pour répondre.

Elle en est d'autant plus difficile à évaluer, à moins d'avoir auparavant pondéré soit le linguistique, soit le communicatif.

Le texte induit, guidé, avec contraintes

Il s'agit d'une technique qui permet d'élaborer des activités de production écrite, où l'évaluation est en adéquation avec l'objectif visé et où la consigne joue un rôle important. Elle doit en effet indiquer clairement les contraintes imposées. Paradoxalement, la créativité se révèle beaucoup plus dans un cadre limité qu'en toute liberté. L'utilisation, en évaluation, de l'excellent exercice de Francis Debyser, *Les lettres de Paulette et Victor*[3], en est un exemple (voir le mode d'emploi en annexe p. 197).

Le principe : réduire les énoncés à des matrices de fonctions simples, de type la carte postale de vacances, où la consigne exige la production d'un nombre limité de phrases :

– une pour donner des nouvelles ;
– une pour dire le temps qu'il fait (météo) ;
– une pour demander des nouvelles ;
– une pour raconter ce qu'on a fait la veille ;
– une pour expliquer ce qu'on va faire le lendemain.

La grille d'évaluation reprend les structures que l'on attend dans les énoncés guidés.

Les « sujets de synthèse »

Le guidage de la production peut être appliqué aux niveaux supérieurs de la taxonomie : analyse, synthèse, esprit critique. Le principe est le même : donner une tâche à réaliser. À ce niveau, la tâche est complexe et l'outil très ouvert. Le correcteur devra apprécier la performance. Un résumé, une contraction de texte, une analyse de texte ou d'image, une synthèse de documents émanant de sources diverses doivent être contraignants : durée de composition limitée, volume de production seront précisés.

3. *CréaCom*, BELC, 1981.

Chapitre 9 Activités d'évaluation par niveau et par compétence langagière

Niveau A1.1

Ce niveau est le niveau minimal de compétences évaluables. Il correspond, pour un grand débutant, à environ 40 heures d'apprentissage (volume horaire moyen), en fonction de sa langue maternelle et de la plus ou moins grande transparence de celle-ci avec la langue cible, du rythme de l'apprentissage, des compétences acquises antérieurement dans d'autres langues, de la maîtrise de sa propre langue, etc.

L'apprenant ne dispose que de très peu de vocabulaire (mots isolés, mots outils et mots hyperfréquents) et de structures. Il dispose d'environ 200 à 300 de ces mots. En compréhension, il en est au stade de la reconnaissance et du repérage. Il peut cependant exprimer un certain nombre de choses et l'évaluation de ces éléments peut le mettre en évidence.

• En compréhension générale des écrits, l'apprenant est capable de...

Reconnaître des noms propres, des chiffres, des mots très familiers ayant trait à des situations courantes de la vie quotidienne. Identifier très globalement la fonction de certains textes ordinaires de la vie quotidienne.

• En compréhension générale de l'oral, il commence à...

Prendre conscience de la segmentation de la chaîne sonore car il reconnaît des mots et des structures familiers, par exemple dans des annonces publiques, des directives prévisibles, si elles sont prononcées lentement, distinctement et illustrées.

• En production orale générale, il peut...

Donner des informations très simples à l'aide de quelques mots et expressions. Il prononce un nombre très limité de mots compréhensibles pour qui est habitué aux locuteurs de sa langue maternelle. Il fait de nombreuses poses.

• En production écrite générale, il peut...

Recopier des mots ou des messages brefs, compléter un formulaire, écrire sous la dictée quelques mots, des chiffres, laisser un petit message compréhensible à un ami, même si les structures syntaxiques de base ne sont pas respectées.

• En interaction orale...

L'interaction est tout à fait minimale. Elle correspond uniquement à un jeu de questions-réponses extrêmement simples, concernant des instructions standards, des besoins immédiats, des objets concrets, des informations connues.

Types de supports d'activités qui peuvent être utilisés au niveau A1.1

Compréhension des écrits	• Panneaux signalétiques (lieux publics : gares, arrêts d'autobus, rues, magasins, mairies, écoles, poste, banque, etc.) • Enseignes de magasins • Annonces écrites dans les gares, le métro • Plans, indicateurs d'horaires • Adresses sur des enveloppes (courriers personnels, administratifs, commerciaux) • Corps d'une lettre administrative (coordonnées de l'expéditeur, date, téléphone, télécopie, courriel, etc.) • Objet succinct d'un courrier personnel ou administratif • Listes de noms (feuilles d'émargement) • Logos, sigles • Étiquettes de produits alimentaires, avec ou sans indication de prix, de dates, de poids • Étiquettes de vêtements, avec indication de taille, de prix • Prospectus • Catalogues de vente par correspondance • Instructions des appareils automatiques (distributeurs de billets, de boissons, de sandwiches) • Titres de journaux (illustrés) • Sommaires et tables des matières • Factures • Petits messages de type « Post-it »
Compréhension de l'oral	• Annonces publiques (dans les gares, les magasins, les aéroports, etc.) • Questions simples sur la vie quotidienne (identité, adresse, métier, famille)
Production d'écrits	• Compléter un formulaire simple (bon de commande, dépôt de chèque, courrier recommandé, etc.) • Écrire ou recopier une adresse • Noter une date, une heure de rendez-vous, un nom • Écrire un petit message simple • Faire une liste de courses à faire
Interaction orale	• Extrêmement limitée : essentiellement réponse à des questions simples

Fiche 1 — A1.1 : Compréhension des écrits

Descripteur évalué	**Identifier très globalement la fonction de certains textes ordinaires de la vie quotidienne**
Type de tâche	Faire correspondre des écrits et leur illustration
Objectif à maîtriser	Reconnaître et identifier des écrits
Public	Adolescents, adultes
Niveau taxonomique	Application
Support	Correspondance personnelle
Domaine	Privé, lieux

Consigne (donnée oralement)

Indiquez dans la grille ci-dessous à quel lieu correspond chaque lettre.

D'accord pour le rendez-vous demain matin devant la poste.

À demain 8 h 30.

Amitiés

Soflane

①

Rendez-vous devant le ciné à 18 h

②

N'oublie pas les courses !

1 baguette
2 melons
5 steaks
1 kilo de tomates
1 camembert

③

Ⓐ

Ⓑ

Ⓒ

texte 1	image ...
texte 2	image ...
texte 3	image ...

Grille d'évaluation sur 3 points

Fiche 2 — A1.1 : Compréhension de l'oral

Descripteur évalué	**Reconnaître des chiffres ayant trait à des situations courantes de la vie quotidienne**
Objectif à maîtriser	Être capable d'écrire des chiffres et des numéros entendus
Type de tâche	Prendre des notes pendant une conversation ou au téléphone
Public	Tout public
Niveau taxonomique	Application
Support	Un corpus oral
Domaine	Public et privé

Consigne (donnée oralement)

Écoutez et notez les numéros entendus.

Document oral (à lire ou à enregistrer)

1. Quel est votre numéro de Sécurité sociale ? 1 52 04 765 342 88
2. Mon numéro de compte bancaire ? 000 6778 492 7
3. Voici mon numéro de téléphone : 02 93 78 64 25
4. Note le numéro du digicode de ma porte : A 67 78

1. ....

2. ....

3. ....

4. ....

Grille d'évaluation sur 4 points

Fiche 3 A1.1 : Compréhension de l'oral

Descripteur évalué	**Reconnaître des directives prévisibles, si elles sont prononcées lentement et distinctement et illustrées**
Objectif à maîtriser	Comprendre des interdictions courantes dans des situations de la vie quotidienne
Public	Tout public
Niveau taxonomique	Compréhension
Support	Un corpus oral
Domaine	Public, privé

Consigne (donnée oralement)

Regardez les documents, écoutez les phrases et indiquez le numéro de la phrase qui correspond à la photo.

Document oral (à lire ou à enregistrer)

1. Gare-toi plus loin, il y a des travaux !
2. Ralentis et arrête-toi.
3. Zut ! L'ascenseur est en panne, où sont les escaliers ?
4. Traversons au passage clouté, c'est moins dangereux.

A : ......

B : ......

C : ......

D : ......

Grille d'évaluation sur 4 points

1	B
2	C
3	D
4	A

Fiche 4 — A1.1 : Production d'écrits

Descripteur évalué	**Laisser un petit message compréhensible à un ami, même si les structures syntaxiques de base ne sont pas respectées**
Objectif à maîtriser	Être capable d'écrire une liste de mots non reliés entre eux, en respectant la consigne
Type de tâche	Écrire une liste de courses à faire
Public	Tout public
Niveau taxonomique	Mémorisation, application
Domaine	Privé

Consigne

Vous sortez de chez vous. Laissez à votre fils la liste des courses à faire pour un déjeuner de cinq personnes (entrée, plat, dessert).

....

....

....

....

....

....

....

....

....

....

Grille d'évaluation et barème sur 5 points

Respect des consignes (5 personnes, entrée, plat, dessert)	0	0,5	1		
Lisibilité de l'écriture	0	0,5	1		
Résultat final	0	0,5	1	1,5	2
Orthographe	0	0,5	1		

Fiche 5 — A1.1 : Production orale

Descripteur évalué	Donner des informations très simples à l'aide de quelques mots et expressions
Fonctions discursives (actes de langage)	Identifier, décrire, présenter quelqu'un
Objectif à maîtriser	Être capable de produire des énoncés simples pour présenter des personnes
Type de tâche	Présenter, par exemple, sa famille à quelqu'un
Public	Tout public
Niveau taxonomique	Application
Support	Photo de groupe, photo de famille
Domaine	Privé

Consigne (donnée par l'examinateur)
Regardez la photo et présentez-moi les personnages.

Grille d'évaluation et barème sur 5 points

Se fait globalement comprendre	0	0,5	1	1,5	2	2,5
Donne quelques éléments descriptifs	0	0,5	1	1,5		
Correction grammaticale, articulateurs *(et, mais)*	0	0,5				
Prononciation, prosodie, aisance, fluidité	0	0,5				

Fiche 6 A1.1 : Reconnaissance du phonème [z]

Objectif à maîtriser	**Reconnaître un phonème : consonne orale, sonore**
Public	Tout public
Support	Un corpus de phrases comportant ou non le phonème à reconnaître
Domaine	Privé

Consigne (donnée oralement)

Vous allez entendre une série de dix phrases. Si vous entendez le son [z], mettez une croix dans la case correspondante. Si vous n'entendez pas ce son [z], ne mettez pas de croix.

Nous commençons par un exemple : phrase 0 « Vous avez des enfants ? » Vous avez entendu deux fois le son [z] (vous « z » avez et des « z » enfants), mettez une croix. Nous commençons.

Document oral (à lire ou à enregistrer)

0. Vous avez des enfants ?
1. Vous êtes marié ?
2. J'ai un garçon.
3. Je suis hongrois.
4. Je suis italien
5. Ils sont étudiants.
6. Ils ont quel âge ?
7. Ma fille a quinze ans.
8. Vous avez faim ?
9. Vous en voulez ?
10. Vous en avez ?

	0	1	2	3	4	5	6	7	8	9	10
[z]	X										

Corrigé et grille d'évaluation sur 10 points

	0	1	2	3	4	5	6	7	8	9	10
[z]	X	X			X		X	X	X	X	X

Fiche 7 A1.1 : Reconnaissance du phonème [y] (1)

Objectif à maîtriser	**Reconnaître un phonème : voyelle orale, fermée, antérieure, aiguë**
Public	Tout public
Support	Un corpus de phrases comportant ou non le phonème à reconnaître
Domaine	Privé

Consigne (donnée oralement)

Vous allez entendre une série de dix phrases. Si vous entendez le son [y] comme dans le mot « rue », mettez une croix dans la case correspondante. Si vous ne l'entendez pas, ne mettez pas de croix.

Nous commençons par un exemple : phrase 0 « Tu l'as lu ? » Vous avez entendu deux fois le son [y] (« tu » et « lu »), mettez une croix dans la case [y]. Nous commençons.

Document oral (à lire ou à enregistrer)

0. Tu l'as lu ?
1. Et voilà !
2. Sur la lune ?
3. Prenez tout !
4. Que fais-tu ?
5. C'est ma voiture.
6. Une minute !
7. J'habite à Paris.
8. Je n'en veux plus.
9. Il est parti.
10. Elle est venue.

	0	1	2	3	4	5	6	7	8	9	10
[y]	X										

Corrigé et grille d'évaluation sur 10 points

	0	1	2	3	4	5	6	7	8	9	10
[y]	X		X		X	X	X		X		X

Fiche 8 A1.1 : Reconnaissance du phonème [y] (2)

Objectif à maîtriser	**Reconnaître un phonème : voyelle orale, fermée, antérieure, aiguë**
Public	Tout public
Support	Un corpus de phrases comportant ou non le phonème à reconnaître
Domaine	Privé

Consigne (donnée oralement)

Vous allez entendre une série de deux mots. Indiquez si le son [y], comme dans le mot « rue », se trouve dans le premier ou le deuxième mot.

Nous commençons par un exemple : phrase 0 : « délit/dessus ». Le son [y] se trouve dans le deuxième mot, cochez la case 0, 2. Nous commençons.

Document oral (à lire ou à enregistrer)

0. délit/dessus
1. si/su
2. minute/mimique
3. tout/tu
4. musique/mélodie
5. vue/vie
6. riz/rue
7. Paris/paru
8. plis/plus
9. du/dit
10. venue/partie

0		1		2		3		4		5		6		7		8		9		10	
1	2	1	2	1	2	1	2	1	2	1	2	1	2	1	2	1	2	1	2	1	2
	X																				

Corrigé et grille d'évaluation sur 10 points

0		1		2		3		4		5		6		7		8		9		10	
1	2	1	2	1	2	1	2	1	2	1	2	1	2	1	2	1	2	1	2	1	2
	X		X	X			X	X		X			X		X		X	X		X	

Fiche 9 — A1.1 : Discrimination auditive : [y]/[u]

Objectif à maîtriser	**Discriminer deux phonèmes. Le [y] : voyelle orale, antérieure, aiguë et le [u] : voyelle orale, postérieure, grave**
Public	Tout public
Support	Un corpus de phrases comportant les phonèmes à discriminer
Domaine	Privé

Consigne (donnée oralement)

Vous allez entendre une série de dix phrases. Si vous entendez le son [y] comme dans « rue », mettez une croix dans la case correspondante. Si vous entendez le son [u] comme dans « jour », mettez une croix dans la case [u].

Nous commençons par un exemple : phrase 0 : « Vous en voulez ? » Vous avez entendu deux fois le son [u] (dans « vous » et « voulez »), mettez une croix dans la case [u]. Nous commençons.

Document oral (à lire ou à enregistrer)

0. Vous en voulez ?
1. Il est russe.
2. C'est Julie.
3. Elle est rousse.
4. Vous êtes fou !
5. Un rendez-vous.
6. Tu l'as lu ?
7. La Turquie !
8. Quelle belle vue !
9. C'est pour vous ?
10. Je n'en veux plus.

	0	1	2	3	4	5	6	7	8	9	10
[y]											
[u]	X										

Corrigé et grille d'évaluation sur 10 points

	0	1	2	3	4	5	6	7	8	9	10
[y]		X	X				X	X	X		X
[u]	X			X	X	X				X	

Fiche 10 A1.1 : Discrimination auditive : [b]/[v]

Objectif à maîtriser	**Discriminer deux phonèmes. Le [b] : consonne sonore orale, occlusive et le [v] : consonne sonore orale, fricative**
Public	Tout public
Support	Un corpus de phrases comportant les phonèmes à discriminer
Domaine	Privé

Consigne (donnée oralement)

Vous allez entendre une série de dix phrases. Si vous entendez le son [b] comme dans « boîte », mettez une croix dans la case correspondante. Si vous entendez le son [v] comme dans « viens », mettez une croix dans la case [v].

Nous commençons par un exemple : phrase 0 : « Vous en voulez ? » Vous avez entendu deux fois le son [v] (dans « vous » et « voulez »), mettez une croix dans la case [v]. Nous commençons.

Document oral (à lire ou à enregistrer)

0. Vous en voulez ?
1. Une voiture.
2. Tu vois ?
3. C'est bon !
4. Tu bois ?
5. Un rendez-vous !
6. C'est beau !
7. La boutique.
8. Elle est belle !
9. C'est pour vous ?
10. Oui, bientôt !

	0	1	2	3	4	5	6	7	8	9	10
[b]											
[v]	X										

Corrigé et grille d'évaluation sur 10 points

	0	1	2	3	4	5	6	7	8	9	10
[b]				X	X		X	X	X		X
[v]	X	X	X			X				X	

Fiche 11 A1.1 : Discrimination auditive : [ɑ̃]/[ɛ̃]

Objectif à maîtriser	**Discriminer deux phonèmes : voyelles nasales, l'une grave, l'autre aiguë**
Public	Tout public
Support	Un corpus de phrases comportant les phonèmes à discriminer
Domaine	Privé

Consigne (donnée oralement)

Vous allez entendre une série de dix phrases. Si vous entendez le son [ɑ̃] comme dans « vent », mettez une croix dans la case correspondante. Si vous entendez le son [ɛ̃] comme dans « demain », mettez une croix dans la case [ɛ̃].
Nous commençons par un exemple : phrase 0 : « C'est ce matin ? » Vous avez entendu le son [ɛ̃] (dans « matin »), mettez une croix dans la case [ɛ̃]. Nous commençons.

Document oral (à lire ou à enregistrer)

0. C'est ce matin ?
1. C'est quand ?
2. C'est dimanche.
3. Tu m'attends ?
4. À Orléans ?
5. Voici mon copain.
6. Qu'est-ce que tu prends ?
7. Des croissants.
8. J'ai faim !
9. C'est tout blanc !
10. Venez demain !

	0	1	2	3	4	5	6	7	8	9	10
[ɑ̃]											
[ɛ̃]	X										

Corrigé et grille d'évaluation sur 10 points

	0	1	2	3	4	5	6	7	8	9	10
[ɑ̃]		X	X	X	X		X	X		X	
[ɛ̃]	X					X			X		X

Fiche 12 A1.1 : Discrimination auditive : [z]/[s]

Objectif à maîtriser	**Discriminer deux phonèmes. Le [z] : consonne sonore, orale, fricative et le [s] : consonne sourde, orale, fricative**
Public	Tout public
Support	Un corpus de phrases comportant les phonèmes à discriminer
Domaine	Privé

Consigne (donnée oralement)

Vous allez entendre une série de dix phrases. Si vous entendez le son [z] comme dans « zut ! », mettez une croix dans la case correspondante. Si vous entendez le son [s] comme dans « sûrement », mettez une croix dans la case [s].
Nous commençons par un exemple : phrase 0 : « Ils sont là ? » Vous avez entendu le son [s] (dans « sont »), mettez une croix dans la case [s]. Nous commençons.

Document oral (à lire ou à enregistrer)

0. Ils sont là ?
1. Vous êtes marié ?
2. Je suis célibataire.
3. Vous avez des enfants ?
4. Je les ai vus.
5. Elle s'appelle Mélodie.
6. Ils ont quel âge ?
7. J'ai treize ans.
8. Tu es certain ?
9. J'en suis sûr !
10. Donnez-m'en quinze !

	0	1	2	3	4	5	6	7	8	9	10
[z]											
[s]	X										

Corrigé et grille d'évaluation sur 10 points

	0	1	2	3	4	5	6	7	8	9	10
[z]		X		X	X		X	X			X
[s]	X		X			X			X	X	

Fiche 13 A1.1 : Discrimination auditive : [Ø]/[e]

Objectif à maîtriser	**Discriminer deux phonèmes. Le [Ø] : voyelle orale, arrondie, fermée et le [e] : voyelle orale, non arrondie, fermée**
Public	Tout public
Support	Un corpus de phrases comportant les phonèmes à discriminer
Domaine	Privé

Consigne (donnée oralement)

Vous allez entendre une série de dix phrases. Si vous entendez le son [Ø] comme dans « feu », mettez une croix dans la case correspondante. Si vous entendez le son [e] comme dans « thé », mettez une croix dans la case [e].

Nous commençons par un exemple : phrase 0 : « Tu veux du feu ? » Vous avez entendu deux fois le son [Ø] (dans « veux » et « feu »), mettez une croix dans la case [Ø]. Nous commençons.

Document oral (à lire ou à enregistrer)

0. Tu veux du feu ?
1. Vous voulez du thé ?
2. Il pleut, il pleut...
3. Je suis allée au marché.
4. Encore un peu ?
5. Un beau bébé !
6. Un café, s'il vous plaît !
7. Un peu, merci.
8. J'en veux deux !
9. C'est fermé !
10. Je prends le bleu.

	0	1	2	3	4	5	6	7	8	9	10
[Ø]	X										
[e]											

Corrigé et grille d'évaluation sur 10 points

	0	1	2	3	4	5	6	7	8	9	10
[Ø]	X		X		X			X	X		X
[e]		X		X		X	X			X	

Fiche 14 A1.1 : Discrimination auditive : [ɔ̃]/[ɑ̃]

Objectif à maîtriser	**Discriminer deux phonèmes vocaliques. Le [ɔ̃] : voyelle sonore, nasale arrondie et le [ɑ̃] : sonore, nasale, non arrondie**
Public	Tout public
Support	Un corpus de phrases comportant les phonèmes à discriminer
Domaine	Privé

Consigne (donnée oralement)

Vous allez entendre une série de dix phrases. Si vous entendez le son [ɔ̃] comme dans « long », mettez une croix dans la case correspondante. Si vous entendez le son [ɑ̃] comme dans « dans », mettez une croix dans la case [ɑ̃].
Nous commençons par un exemple : phrase 0 : « C'est ma montre. » Vous avez entendu le son [ɔ̃] (dans « montre »), mettez une croix dans la case [ɔ̃]. Nous commençons.

Document oral (à lire ou à enregistrer)

0. C'est ma montre.
1. Il est méchant.
2. C'est fatigant.
3. Je voudrais onze baguettes.
4. Ralentis !
5. Nous vivons à Lyon.
6. Elle est très longue.
7. Tu as le temps.
8. Il est marron.
9. Il est marrant.
10. Voici mes parents.

	0	1	2	3	4	5	6	7	8	9	10
[ɔ̃]	X										
[ɑ̃]											

Corrigé et grille d'évaluation sur 10 points

	0	1	2	3	4	5	6	7	8	9	10
[ɔ̃]	X			X		X	X		X		
[ɑ̃]		X	X		X			X		X	X

Niveau A1[1]

Caractéristique du niveau A1 : capacité à interagir de façon simple, quand le domaine est familier.

Ce niveau est le premier niveau de compétence élémentaire. Il recouvre entre 60 et 80 heures d'apprentissage de la langue (volume horaire moyen, à mettre en relation avec la langue maternelle de l'apprenant, son rythme d'apprentissage, ses compétences acquises antérieurement dans d'autres langues, etc.).

L'apprenant va pouvoir comprendre des textes très simples et décrire des lieux et des personnes avec un vocabulaire de base, quelques expressions apprises par cœur. Il ne maîtrise que quelques structures syntaxiques, mémorisées, qu'il emploie en faisant les erreurs classiques des débutants lorsqu'ils cherchent à s'exprimer. La prononciation des mots n'est pas totalement acquise.

• En compréhension générale des écrits, en compréhension de la correspondance, en compréhension d'écrits pour s'orienter, pour s'informer, en compréhension d'instructions, l'apprenant est capable de...

Comprendre des textes très courts et très simples en relisant plusieurs fois le texte. Il est capable de reconnaître des mots et des expressions très élémentaires, par exemple sur une carte postale ou dans des documents se rapportant à des situations ordinaires de la vie quotidienne. Il peut se faire une idée du contenu d'un texte informatif assez simple, surtout s'il est illustré. Il peut comprendre des indications courtes, par exemple pour aller d'un endroit à un autre.

• En compréhension générale de l'oral, il peut...

Comprendre des phrases élémentaires si on lui parle lentement, en articulant soigneusement et en répétant éventuellement ou en paraphrasant.

• En production orale générale, il peut...

Produire des phrases élémentaires, en utilisant des expressions simples sur les gens et les choses. Il peut, par exemple, dire qui il est, se présenter, se décrire, présenter quelqu'un et décrire ce qu'il/elle fait, ainsi que son lieu d'habitation. Il peut aussi demander quelque chose à quelqu'un et commencer à se débrouiller avec les chiffres.

• En production écrite générale, il peut...

Rédiger des phrases élémentaires (sujet + verbe + complément) sur lui-même et sur les personnes qu'il connaît, pour décrire ce qu'ils font et où ils vivent, par exemple sur une carte postale.

1. Pour les descriptions des niveaux A1 à C2, les descripteurs généraux sont empruntés au *Cadre européen commun de référence pour les langues : apprendre, enseigner, évaluer*, Conseil de l'Europe, Paris, Didier, 2001.

• En interaction orale, l'apprenant peut...

Répondre à des questions simples sur des sujets qui lui sont familiers et poser ce même type de questions. Il peut réagir à des instructions simples.

Pour les 42 descripteurs détaillés de ces compétences, se reporter au *Cadre européen commun de référence*.

Types de supports d'activités qui peuvent être utilisés au niveau A1

Compréhension des écrits	• Titres, sous-titres, chapeaux, corps du texte, encadrés et encarts, illustrations et légendes... • Lettres personnelles • Courrier administratif (factures, convocations...) • Plans de villes, de quartiers, dépliants touristiques, catalogues, prospectus • Menus, recettes simples de cuisine • Petites annonces
Compréhension de l'oral	• Situations courantes de la vie quotidienne (achats dans les magasins, commandes au restaurant, demande d'informations diverses) • Annonces dans les lieux publics
Production d'écrits	• Petites lettres personnelles • Messages informels • Courriels • Agendas, emplois du temps • Cartes diverses (anniversaires, vœux, mariages, invitations...) • Formulaires et fiches à compléter
Production orale	• Décrire, raconter dans les situations les plus courantes de la vie quotidienne
Interaction orale	• Échanges concernant les situations les plus courantes de la vie quotidienne

Fiche 15 A1 : Compréhension générale des écrits

Descripteur évalué	LIRE POUR S'ORIENTER **Peut reconnaître les noms, les mots et les expressions les plus courants dans les situations ordinaires de la vie quotidienne**
Objectif à maîtriser	Comprendre des documents se reportant à la vie quotidienne
Type de tâche	Repérer les professions sur des cartes de visites, des plaques professionnelles, des annonces
Public	Tout public : adolescents, adultes
Niveau taxonomique	Compréhension, application
Support	Un corpus de documents courants
Domaine	Professionnel : noms de métiers

Consigne

Regardez les documents ci-dessous puis répondez aux questions.

Paul Cartouche
DENTISTE
Sur rendez-vous
Tél. : 04 56 78 22 00

Docteur Jacky FERNANDEZ
MÉDECINE GÉNÉRALE
01 22 33 44 00

Mélodie Champion
Étudiante au conservatoire de musique
Donne des cours de chant
melodie.champion@cmf.fr

GASTON LEFER
Opticien
Tous les jours
de 9h30 à 18h

Jeune fille, 18 ans
GARDE ENFANTS À DOMICILE
Tél après 19h
à Jenny Gilmann
03 77 45 43 90

CABINET D'INFIRMIERS
Michel Legrand
Abdou Benafi
Roseline Carton
Sur rendez-vous
06 93 60 78 77

1. Vous voulez apprendre à chanter, vous écrivez à :
A. ☐ Gaston
B. ☐ Jenny
C. ☐ Mélodie
D. ☐ Paul

2. Jenny veut :
A. ☐ faire de la musique
B. ☐ s'occuper d'enfants
C. ☐ se faire faire des lunettes
D. ☐ faire des ménages

3. Vous êtes malade, vous téléphonez au :
A. ☐ 06 77 45 43 90
B. ☐ 01 22 33 44 00
C. ☐ 04 56 78 22 00
D. ☐ 06 93 60 78 77

4. Il faut prendre rendez-vous pour voir :
A. ☐ Jacky
B. ☐ Gaston
C. ☐ Mélodie
D. ☐ Roseline

Corrigé sur 4 points

1. C ; 2. B ; 3. B ; 4. D

Fiche 16 A1 : Compréhension générale des écrits

Descripteur évalué	COMPRENDRE LA CORRESPONDANCE **Peut comprendre des messages simples et brefs**
Objectif à maîtriser	Comprendre une correspondance de type amicale, se reportant à la vie quotidienne
Type de tâche	Comprendre un courriel
Public	Tout public : adolescents, adultes
Niveau taxonomique	Compréhension, application
Support	Un corpus de fac-similés de cartes de visites
Domaine	Privé

Consigne

Lisez le courriel ci-dessous puis répondez aux questions.

De : sebastien@messagerie.com
À : Caroline@messagerie.com
Objet : Emmanuel est de retour !

Salut Caro !

Emmanuel arrive vendredi à Marseille. Je fais une fête le soir pour son retour. Viens dîner avec Julie et Gaston et, si tu as le temps, prépare ton super gâteau au chocolat, tu sais qu'il adore ça !

À vendredi, ☺
Bises.

Sébastien

1. Sébastien fête le retour :
A. ☐ de Caro
B. ☐ de Julie
C. ☐ d'Emmanuel
D. ☐ de Gaston

2. Sébastien :
A. ☐ s'excuse
B. ☐ s'informe
C. ☐ fait une proposition
D. ☐ répond à une demande

3. Caroline :
A. ☐ aime beaucoup le chocolat
B. ☐ habite à Marseille
C. ☐ fait une fête
D. ☐ sait faire les gâteaux

4. Julie connaît :
A. ☐ Caroline
B. ☐ Emmanuel
C. ☐ Sébastien
D. ☐ Gaston

Corrigé sur 4 points

1. C ; 2. C ; 3. D ; 4. A (éventuellement D, mais rien ne l'indique).

Fiche 17 A1 : Compréhension générale des écrits

Descripteur évalué	LIRE DES INSTRUCTIONS **Peut suivre des indications brèves et simples (par exemple pour aller d'un point à un autre)**
Type de tâche	Comprendre un message indiquant un itinéraire
Public	Tout public
Niveau taxonomique	Compréhension, application
Support	Un message « Post-it » et un plan
Domaine	Public : les lieux

Consigne

Lisez le message, puis repérez le chemin et tracez-le sur le plan.

Olivier,

Rendez-vous demain matin devant la Sorbonne, à 18 h.

Pour y aller, c'est facile : tu sors du métro boulevard Saint-Germain (le métro est indiqué par un petit M). Tu prends sur ta droite jusqu'au boulevard Saint-Michel. Là, tu tournes à gauche jusqu'à la rue des Écoles que tu prends sur ta gauche. La rue de la Sorbonne est la deuxième sur ta droite. Monte la rue, la Sorbonne est en haut de la rue. J'attends devant la grande porte.

À demain.

Christine

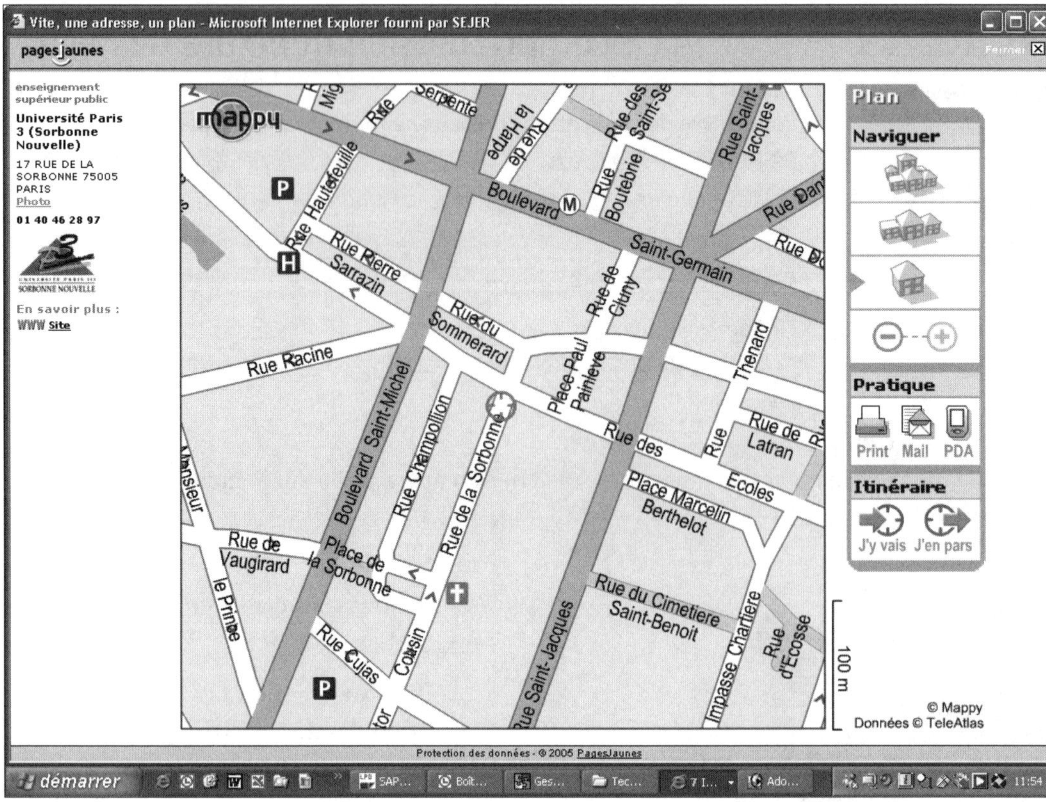

Grille d'évaluation et barème sur 5 points

1 point par information bien tracée sur le plan.

A. À partir du métro boulevard Saint-Germain (le métro est indique par un petit M).

B. Sur la droite jusqu'au boulevard Saint-Michel.

C. À gauche jusqu'à la rue des Écoles.

D. À gauche.

E. Deuxième à droite.

Fiche 18 — A1 : Compréhension de l'oral

Descripteur évalué	COMPRENDRE DES ANNONCES **Peut comprendre une intervention si elle est lente et soigneusement articulée. Peut se débrouiller avec les nombres, les quantités, l'argent et l'heure**
Type de tâche	Comprendre les annonces que l'on peut entendre dans les lieux publics
Public	Tout public : adolescents, adultes
Niveau taxonomique	Compréhension, application
Support	Corpus d'annonces concernant des situations de la vie quotidienne
Domaine	Public

Consigne

Vous allez entendre cinq messages. Vous entendrez chaque message deux fois. Écoutez bien et après chaque message, répondez aux questions.

Document oral (à lire ou à enregistrer)

Message 1 : À la suite de problèmes mécaniques, le trafic de la ligne 2 est interrompu pendant 20 à 30 minutes.

Message 2 : Votre attention s'il vous plaît ! Il est 19h 50. Le magasin ferme ses portes à 20 h. Dirigez-vous sans tarder vers les caisses s'il vous plaît.

Message 3 : Message important ! Mesdames et messieurs, des pickpockets sont signalés dans la gare. Surveillez attentivement vos bagages.

Message 4 : Rayon boucherie : à partir de 10h et pendant une heure, le kilo de mouton sera exceptionnellement vendu à 3 euros. Profitez-en !

Message 5 : Nous allons procéder à l'embarquement. Les passagers à destination de Paris dont la carte d'embarquement porte les numéros 1 à 22 sont priés de se diriger vers la porte n° 12.

Question 1 : Le trafic du métro est interrompu pendant :
A. ☐ un petit quart d'heure.
B. ☐ une bonne heure.
C. ☐ environ une demi-heure.
D. ☐ plus d'une demi-heure.

Question 2 : Le magasin ferme ses portes dans :
A. ☐ plus de vingt minutes.
B. ☐ un quart d'heure.
C. ☐ plus de cinq minutes.
D. ☐ moins d'une demi-heure.

Question 3 : Pourquoi faut-il surveiller ses bagages ?
A. ☐ parce que le train va partir.
B. ☐ parce qu'il y a des voleurs.
C. ☐ parce qu'il faut faire attention.
D. ☐ parce que la gare est fermée.

Question 4 : le kilo de mouton est vendu
A. ☐ 10 euros pendant 1 heure.
B. ☐ 1 euro pendant 3 heures.
C. ☐ 3 euros avant 10 h
D. ☐ 3 euros après 10 h.

Question 5 : Les passagers qui vont embarquer en premier ont les numéros :
A. ☐ 1 à 22
B. ☐ 1 à 12
C. ☐ 22 à 42
D. ☐ 1 à 42

Corrigé sur 5 points

1 : C ; 2 : C ; 3 : B ; 4 : D ; 5 : A

Fiche 19 A1 : Compréhension de l'oral/production d'écrit

Descripteurs évalués	COMPRÉHENSION GÉNÉRALE DE L'ORAL **Peut comprendre une intervention si elle est lente et soigneusement articulée et comprend de longues pauses qui permettent d'en assimiler le sens.** INTERACTION ÉCRITE GÉNÉRALE **Peut demander ou transmettre par écrit des renseignements personnels détaillés.**
Fonctions discursives (actes de langage)	Demander à quelqu'un qu'il fasse quelque chose
Objectif à maîtriser	Être capable de prendre note d'un message simple
Type de tâche	Prendre note d'un message
Public	Tout public
Niveau taxonomique	Maîtrise et transfert. Connaissances, compréhension, application
Supports	– Deux transcriptions de conversations téléphoniques à enregistrer auparavant – Des fiches messages
Domaine	Public

Consigne

Vous allez entendre deux conversations téléphoniques. Vous les entendrez deux fois. Imaginez que vous êtes la secrétaire qui reçoit ce coup de téléphone. Écoutez bien et prenez des notes au brouillon. Remplissez ensuite, pour chaque conversation, la « fiche message » en notant les informations retenues pour les transmettre à la personne concernée.

Document oral (à lire ou à enregistrer)

Conversation 1

– Allô ? Le garage Charpot ?
– Oui madame.
– Je voudrais parler à monsieur Charpot.
– Il est absent pour la journée.
– Ah, c'est ennuyeux. Je peux laisser un message ?
– Mais bien sûr.
– Dites-lui que madame Bottin a téléphoné. Je viendrai chercher ma voiture demain soir à 18 h et par la même occasion, je déposerai la voiture de mon mari pour une révision complète.
– C'est noté madame, au revoir.
– Au revoir.

Conversation 2

– Allô ? Bonjour, pourrais-je parler à madame la directrice s'il vous plaît ?
– Elle est en réunion toute la matinée, vous voulez laisser un message ?

– Oui, dites-lui que monsieur Dutour a téléphoné, je rappellerai cet après-midi. Je dois prendre rendez-vous avec elle au sujet de mon fils.
– Bien, monsieur Dutour, c'est noté.
– Merci beaucoup, au revoir, bonne journée.
– Bonne journée également, au revoir monsieur Dutour.

Grille d'évaluation et barème sur 20 points

1. **Critères de correction** : Deux critères sont à prendre en compte : la maîtrise de l'objectif « Être capable de prendre note d'un message simple » et l'adéquation des notes avec les informations données. Conversation 1 : 6 informations (destinataire monsieur Charpot ; madame Bottin a téléphoné ; elle passera chercher sa voiture demain soir ; à 18h ; elle déposera la voiture de son mari ; pour une révision). Conversation 2 : 4 informations (destinataire madame la directrice ; monsieur Charpot ; rappellera ; pour prendre rendez-vous au sujet de son fils).
2. **Barème de notation** : 2 points par information présente et correctement rapportée. Certaines informations sont plus importantes que d'autres. Une fiche message doit donner les informations essentielles et non les superflues.

Fiche 20 — A1 : Production d'écrits

Descripteur évalué	ÉCRITURE CRÉATIVE **Peut écrire des phrases et des expressions simples sur lui/elle-même et des personnages imaginaires, où ils vivent et ce qu'ils font (50 mots)**
Fonctions discursives (actes de langage)	Se présenter. Exprimer le fait d'aimer, d'apprécier ou non quelque chose ou quelqu'un
Type de tâche	Rédiger un texte sur soi-même pour se présenter à des inconnus
Public	Adolescents, adultes
Niveau taxonomique	Application
Domaine	Privé

Consigne

Vous venez de trouver un correspondant français. Vous lui écrivez pour parler de vous. Vous donnez votre prénom, votre nom et votre âge. Vous dites où vous habitez. Vous parlez de votre famille, de ce que vous aimez et de ce que vous n'aimez pas, de vos activités.

Grille d'évaluation et barème sur 15 points

Respect des consignes	0	0,5	1	1,5	2		
Lisibilité de l'écriture	0	0,5	1				
Intelligibilité du message	0	0,5	1	1,5	2	2,5	3
Lexique	0	0,5	1	1,5	2	2,5	3
Orthographe	0	0,5	1	1,5	2		
Morphosyntaxe	0	0,5	1	1,5	2		
Énonciation et articulation du texte *(et, mais, alors)*	0	0,5	1	1,5	2		

Fiche 21 — A1 : Production orale

Descripteur évalué	PRODUCTION ORALE GÉNÉRALE **Peut produire des expressions simples isolées sur les gens et les choses**
Fonctions discursives (actes de langage)	Décrire
Objectif à maîtriser	Maîtriser suffisamment de vocabulaire pour mener la tâche à bien
Type de tâche	Ludique
Public	Adolescents, adultes
Niveau taxonomique	Application
Support	Deux dessins comportant des différences et des similitudes
Domaine	Privé : amis, connaissances, inconnus

Consigne

Regardez les deux dessins et indiquez ce qui est pareil (variante : indiquez ce qui est différent).

Grille d'évaluation et barème sur 10 points

(1 point par information correcte et correctement énoncée.)

Fiche 22 — A1 : Interaction orale

Descripteur évalué	ÉCHANGE D'INFORMATION **Peut poser des questions personnelles, par exemple sur le lieu d'habitation, les personnes fréquentées et les biens, et répondre au même type de questions**
Fonctions discursives (actes de langage)	Se présenter. Décrire. Raconter. Rectifier. Exprimer son intention de faire quelque chose. Répondre à une demande en acceptant ou en refusant. Se corriger, se reprendre. Chercher un mot ou une phrase. Demander de l'aide à propos d'un mot, d'une expression. S'assurer que son interlocuteur a bien compris. Demander de répéter, de parler plus lentement, d'expliquer.
Type de tâche	Interview
Public	Adolescents, adultes
Niveau taxonomique	Application, analyse
Domaine	Privé

Consigne

Répondez aux questions de l'examinateur. Si vous ne comprenez pas la question, dites que vous n'avez pas compris.

– Bonjour, asseyez-vous. Je m'appelle X, je vais vous poser quelques questions.

Question sur l'identité. Exemples : « Quel est votre nom/Vous vous appelez comment ? » Faire épeler le nom.

Question de vérification. « X c'est votre nom ou votre prénom ? »

Question sur la nationalité. « Vous êtes de quelle nationalité ? Quelle est votre nationalité ? »

Question sur les langues parlées

Question sur la/les langue(s) écrite(s)

Question sur la scolarité

Question sur l'âge

Questions sur la famille. « Vous êtes marié ? Vous êtes célibataire ? Vous avez des enfants ? Combien ? Ils s'appellent comment ? Ils ont quel âge ? »

Question sur la langue française. « Ça vous plaît, le français ?/Vous aimez le français ? »

Question sur les raisons pour lesquelles il/elle apprend le français.

Grille d'évaluation et barème sur 20 points

Se fait globalement comprendre	0	0,5	1	1,5	2	2,5	3	3,5	4
Étendue du vocabulaire	0	0,5	1	1,5	2	2,5	3		
Réalisation des fonctions discursives	0	0,5	1	1,5	2	2,5	3		
Correction grammaticale et degré d'élaboration des phrases	0	0,5	1	1,5	2				
Prononciation, prosodie	0	0,5	1	1,5	2				
Aisance, fluidité	0	0,5	1	1,5	2				
Interaction	0	0,5	1	1,5	2				
Articulation du discours *(et, mais, alors)*	0	0,5	1	1,5	2				

Niveau A2

Caractéristique du niveau A2 : importance des fonctions (saluer, demander/donner des informations, décrire, raconter...)

Ce niveau est le second et dernier niveau de compétence élémentaire de la langue. Il recouvre entre 100 et 120 heures supplémentaires d'apprentissage (volume horaire moyen, toujours en fonction de la langue maternelle de l'apprenant, de son rythme d'apprentissage, de ses compétences antérieures dans d'autres langues, etc.).

À l'issue de ce niveau, l'apprenant commet naturellement encore des erreurs élémentaires lorsqu'il cherche à s'exprimer, mais il maîtrise un nombre plus important de structures simples. Sa prononciation est relativement correcte et son vocabulaire, encore limité, lui sert à réaliser des échanges d'informations simples se rapportant à la vie quotidienne.

• En compréhension générale des écrits, l'apprenant est capable de...

Comprendre de courts textes simples sur des sujets concrets courants avec une fréquence élevée de langue quotidienne ou relative au travail.
Comprendre des textes courts et simples contenant un vocabulaire extrêmement fréquent, y compris un vocabulaire internationalement partagé.

• En compréhension générale de l'oral, il peut...

Comprendre assez pour pouvoir répondre à des besoins concrets à condition que la diction soit claire et le débit lent.
Comprendre des expressions et des mots porteurs de sens relatifs à des domaines de priorité immédiate (par exemple, information personnelle et familiale de base, achats, géographie locale, emploi).

• En production orale générale, il est capable de...

Décrire ou présenter simplement des gens, des conditions de vie, des activités quotidiennes, ce qu'on aime ou pas, par de courtes séries d'expressions ou de phrases non articulées.

• En interaction orale générale, il est capable de...

Interagir avec une aisance raisonnable dans des situations bien structurées et de courtes conversations à condition que l'interlocuteur apporte de l'aide le cas échéant. Peut faire face à des échanges courants simples sans effort excessif ; peut poser des questions, répondre à des questions et échanger des idées et des renseignements sur des sujets familiers dans des situations familières prévisibles de la vie quotidienne.
Peut communiquer dans le cadre d'une tâche simple et courante ne demandant qu'un échange d'information simple et direct sur des sujets familiers relatifs au travail et aux loisirs. Peut gérer des échanges de type social très courts mais est rarement capable de comprendre suffisamment pour alimenter volontairement la conversation.

• En production écrite, il sait...

Écrire une série d'expressions et de phrases simples reliées par des connecteurs simples tels que « et », « mais » et « parce que », sur les aspects quotidiens de son environnement, par exemple les gens, les lieux, le travail ou les études, avec des phrases reliées entre elles. Faire une description brève et élémentaire d'un événement, d'activités passées et d'expériences personnelles. Écrire une lettre personnelle très simple pour exprimer remerciements ou excuses, prendre un message bref et simple à condition de pouvoir faire répéter et reformuler, une note ou un message simple et bref, concernant des nécessités immédiates.

Pour les 130 descripteurs détaillés de ces compétences, se reporter au *Cadre européen commun de référence*.

Types de supports d'activités qui peuvent être utilisés au niveau A2

Compréhension des écrits	• Lettres personnelles • Courriers administratifs • Articles de journaux ou de magazines, courts et portant sur des sujets familiers concernant la vie quotidienne • Menus, recettes de cuisine • Petites annonces • Plans, dépliants, catalogues • Recettes de cuisine
Compréhension de l'oral	• Situations courantes rencontrées dans des conversations quotidiennes simples (information personnelle et familiale de base, achats, géographie locale, emploi). • Discussions sur des sujets familiers dans des situations familières prévisibles de la vie quotidienne (programme de la soirée ou du week-end, déplacements, logement, repas et achats). • Annonces brèves, simples et claires. • Indications simples relatives à la façon d'aller d'un point à un autre, à pied ou avec les transports en commun. • Courts passages enregistrés ayant trait à un sujet courant prévisible.
Production d'écrits	• Lettres personnelles • Courriers administratifs • Messages pris lors d'une conversation, en présentiel ou au téléphone
Production orale	• Décrire, présenter simplement des gens, des conditions de vie, des activités quotidiennes, ce qu'on aime ou pas.
	• Raconter une histoire ou décrire quelque chose par une simple liste de points. • Décrire un événement ou une activité, des projets et des préparatifs, des activités passées et des expériences personnelles. • Décrire et comparer des objets. • Expliquer en quoi une chose lui plaît ou lui déplaît, justifier sommairement ses opinions, ses projets et ses actes.

Interaction orale	• Demande de renseignements dans un office de tourisme, sur un voyage, un transport public (bus, trains, taxis), un chemin à suivre. • Transactions simples dans un magasin, un bureau de poste, une banque (quantité, nombre, prix, etc.). • Situations au restaurant. • Tâches simples et routinières ne demandant qu'un échange d'information simple et direct. • Échanges courants.

Fiche 23 A2 : Compréhension des écrits

Descripteur évalué	LIRE POUR S'INFORMER ET DISCUTER **Peut identifier l'information pertinente sur la plupart des écrits simples rencontrés tels que lettres, brochures et courts articles de journaux décrivant des faits.**
Objectif à maîtriser	Être capable de repérer des informations simples et de naviguer dans un sommaire, dans un document de la vie quotidienne.
Type de tâche	Lire un programme télé
Public	Adolescents, adultes
Niveau taxonomique	Maîtrise, transfert, connaissances, application, analyse
Support	Un programme TV
Domaine	Public

Consigne

Lisez d'abord les questions posées, cherchez ensuite les informations dans le document suivant, puis répondez aux questions.

Le programme télé de votre soirée

20:55:00 france 2	**Envoyé spécial** *Magazine TV* Le magazine fête, ce soir, ses quinze années d'existence. Cette édition spéciale dure 4 heures et se déroule en deux temps. En première partie, « La génération Envoyé Spécial » fait le portrait de cinq adolescents : Cho, un Américain de Chicago engagé dans la recherche médicale ; Ma Yan, une Chinoise qui rêve de devenir ingénieur ; Mteto, un Sud-Africain qui veut devenir chanteur d'opéra ; Dascha, une acrobate ukrainienne du cirque du Soleil ; Mohamed, un jeune peintre marocain. En deuxième partie, on verra l'équipe du magazine, retournée sur les lieux de tournage pour y analyser l'impact des reportages...
20:55:00 france 3	**Terminator 2 : le Jugement dernier** *Film* Après la guerre nucléaire du 29 août 1997, les rares survivants se battent contre les machines qui sont devenues autonomes. Skynet, l'ordinateur qui les contrôlait, avait envoyé sur Terre en 1984 un Terminator, mi-homme, mi-robot, chargé d'éliminer Sarah Connor qui portait l'enfant appelé à devenir le chef de la résistance. À la suite de la destruction du cyborg, Skynet envoie vers 1995 un second Terminator, le T-1000, pour supprimer le jeune John Connor...
20:55:00 CANAL+	**Mystery, Alaska** *Film* Perdue au milieu des montagnes, la petite ville de Mystery, en Alaska, ne vit que pour le hockey sur glace. Un prestigieux magazine sportif a publié un article élogieux sur l'équipe locale, à laquelle appartiennent notamment le shérif John Biebe, Matt Marden, dit « Shank », l'instituteur, Connor Banks, l'épicier, Brian, alias « Birdie », fils de l'inflexible juge Burns. L'auteur de l'article, Charles Danner, un enfant du pays, est bientôt de retour, porteur d'une incroyable nouvelle...

20:40:00 arte	**L'Inconnu du Nord-Express** *Film* Deux hommes se rencontrent à bord d'un train : Guy Haines, un célèbre tennisman, et Bruno Anthony, qui se fait passer pour l'un de ses plus fervents admirateurs. Au déjeuner, Bruno propose à son compagnon d'assassiner sa femme, Miriam, qui refuse de divorcer. En échange, Guy se chargerait de le débarrasser de son encombrant père…
20:50:00 M6	**Oui chef !** *Magazine* Chef reconnu officiant dans les cuisines d'un grand restaurant parisien, Cyril Lignac s'est fixé un objectif ambitieux : ouvrir son propre établissement dans la capitale, entouré d'une brigade sur laquelle il puisse compter. Mais plutôt que de recruter des professionnels, cet Aveyronnais de 27 ans a choisi de donner leur chance à des jeunes inexpérimentés, issus de tous les horizons.
20:45:00 TF1	**Julie Lescaut** *Série* À la maison, Sarah et Babou sont en émoi. Leur père, Paul annonce dans une lettre son arrivée. Mais Julie, leur mère, a un emploi du temps très chargé. Elle doit se rendre chez le procureur pour ensuite assister au pot de départ d'un collègue, muté dans le Midi.
20:15:00 france 5	**Vingt ans après** *Documentaire* Il y a vingt ans, il pleuvait sur la France, juste au moment où un gros nuage traversait notre pays. Stratus, cumulus, nimbus ? Non. Ce n'était pas un nuage comme les autres : il nous venait de Tchernobyl et transportait de la radioactivité. Qu'en est-il aujourd'hui ? Le nuage s'est-il vraiment arrêté à nos frontières ? Nos reporters font le point sur cette catastrophe nucléaire.

1. Vous êtes fatigué, vous voulez vous coucher tôt, vous ne regarderez pas :	
2. Vous aimez les films policiers, vous regarderez :	
3. À quelle heure pouvez-vous vous informer sur les conséquences, pour la France, d'un grave problème écologique ?	
4. Vous vous intéressez à la grande cuisine française, que regarderez-vous ce soir ?	
5. Vous aimez le sport. Il n'y en a pas ce soir, alors, vous regarderez le film :	
6. À quelle heure se terminera le magazine « Envoyé spécial » ?	
7. Comment s'appellent les enfants de Julie Lescaut ?	
8. Vous aimez les films d'action, qui utilisent beaucoup d'effets spéciaux et de technologie, vous choisissez de regarder :	
9. Dans quelle émission fait-on le portrait de jeunes très motivés ?	
10. Quelle chaîne propose le film policier ?	

Grille d'évaluation et barème sur 20 points : 2 points par réponse correcte

1. Vous êtes fatigué, vous voulez vous coucher tôt, vous ne regarderez pas :	« Envoyé spécial »
2. Vous aimez les films policiers, vous regarderez :	*L'Inconnu du Nord-Express*
3. À quelle heure pouvez-vous vous informer sur les conséquences, pour la France, d'un grave problème écologique ?	20 h 15
4. Vous vous intéressez à la grande cuisine française, que regarderez-vous ce soir ?	Oui, chef !
5. Vous aimez le sport. Il n'y en a pas ce soir, alors, vous regarderez le film :	*Mystery, Alaska*
6. À quelle heure se terminera le magazine « Envoyé spécial » ?	0h 55
7. Comment s'appellent les enfants de Julie Lescaut ?	Sarah et Babou
8. Vous aimez les films d'action, qui utilisent beaucoup d'effets spéciaux et de technologie, vous choisissez de regarder :	*Terminator 2 : le Jugement dernier*
9. Dans quelle émission fait-on le portrait de jeunes très motivés ?	« Envoyé spécial »
10. Quelle chaîne propose le film policier ?	Arte

Fiche 24 — A2 : Compréhension de l'oral

Descripteur évalué	DISCUSSION INFORMELLE (ENTRE AMIS) **Peut généralement reconnaître le sujet d'une discussion extérieure si elle se déroule lentement et clairement.** **Peut comprendre et extraire l'information essentielle de courts passages enregistrés ayant trait à un sujet courant prévisible, si le débit est lent et la langue clairement articulée.**
Objectif à maîtriser	Définir le caractère des personnes dont on parle dans une discussion informelle
Type de tâche	Comprendre une discussion
Public	Adolescents, adultes
Niveau taxonomique	Application, mémorisation, analyse
Support	Un corpus de mini conversations enregistrées
Domaine	Privé : la famille, les amis

Consigne

Lisez d'abord les questions, puis écoutez les conversations suivantes, entre amis. Vous les entendrez deux fois. Répondez aux questions après chaque conversation en cochant les adjectifs qui caractérisent la personne dont on parle.

Document oral (à lire ou à enregistrer)

Conversation 1

– On part en vacances avec Marc cette année ?
– Oh non, il n'est pas sympathique !
– Pourquoi ? Moi je l'aime bien !
– Oh, il ne veut jamais payer l'addition au restaurant...

Conversation 2

– On invite Bruno à dîner ce soir ?
– Pourquoi pas ? Il raconte toujours des histoires amusantes, c'est agréable !
– Bon d'accord, je lui téléphone pour l'inviter.

Conversation 3

– Tu connais le petit ami de Marianne ?
– Jacky ? Oui, pourquoi ?
– Qu'est-ce que tu en penses ?
– Bof, il est gentil, mais pas très intelligent. Il ne comprend jamais quand on lui parle d'autre chose que son métier.

Conversation 4

– Tiens ! Regarde là-bas, c'est Michel, avec sa copine.
– Ah oui ! Michel ! On l'appelle ?
– Non, en ce moment, il est déprimé et triste, parce qu'il a raté son examen.

Conversation 1

Marc est :

- ☐ antipathique
- ☐ généreux
- ☐ drôle
- ☐ égoïste
- ☐ charmant

Conversation 2

Bruno est :

- ☐ agréable
- ☐ antipathique
- ☐ drôle
- ☐ égoïste
- ☐ beau

Conversation 3

Jacky est :

- ☐ sympathique
- ☐ intelligent
- ☐ drôle
- ☐ antipathique
- ☐ agréable

Conversation 4

En ce moment Michel n'est pas :

- ☐ drôle
- ☐ antipathique
- ☐ gai
- ☐ amusant
- ☐ intelligent

Grille d'évaluation et barème sur 5 points

Marc : antipathique et égoïste ; Bruno : drôle ; Jacky : agréable ; Michel : amusant.

Fiche 25 — A2 : Production d'écrits

Descripteur évalué	ÉCRITURE CRÉATIVE **Peut écrire sur les aspects quotidiens de son environnement, par exemple les gens, les lieux, le travail ou les études, avec des phrases reliées entre elles.** **Peut faire une description brève et élémentaire d'un événement, d'activités passées et d'expériences personnelles.** **Peut écrire une lettre personnelle très simple pour exprimer remerciements ou excuses.**
Fonctions discursives (actes de langage)	Raconter, s'informer, proposer à quelqu'un qu'il fasse quelque chose, suggérer
Type de tâche	Rédiger une petite lettre à un(e) ami(e)
Public	Adolescents, adultes
Niveau taxonomique	Écriture créative
Domaine	Privé

Consigne

Un(e) ami(e) français(e) vous annonce son intention de passer une semaine dans votre pays cet été. Vous lui répondez pour :
– donner de vos nouvelles ;
– lui indiquer que sa proposition vous convient ;
– lui raconter ce que vous avez fait depuis votre dernière rencontre ;
– lui proposer différentes possibilités d'hébergement ;
– lui suggérer des endroits à visiter.
Écrivez environ 100 mots.

Grille d'évaluation et barème sur 15 points (sur 20 = note obtenue x 20/15)

Respect des 6 consignes	0	0,5	1	1,5	2	2,5	**3**
Lisibilité de l'écriture	0	0,5	**1**				
Intelligibilité du message	0	0,5	1	1,5	**2**		
Lexique	0	0,5	1	1,5	2	2,5	**3**
Orthographe	0	0,5	1	1,5	**2**		
Morphosyntaxe	0	0,5	1	1,5	**2**		
Énonciation et articulation du texte *(et)*	0	0,5	1	1,5	**2**		

Fiche 26 — A2 : Production orale

Descripteur évalué	PRODUCTION ORALE GÉNÉRALE **Peut décrire ou présenter simplement des gens, des conditions de vie, des activités quotidiennes, ce qu'on aime ou pas, par de courtes séries d'expressions ou de phrases non articulées.**
Fonctions discursives (actes de langage)	Décrire
Type de tâche	Parler de sa vie quotidienne
Public	Adolescents, adultes
Niveau taxonomique	Maîtrise, transfert, application
Support	Corpus de questions ayant trait à la vie quotidienne
Domaine	Privé

Consigne

L'examinateur va vous proposer un sujet. Essayez de fournir le maximum d'informations.

Sujet 1 : Vous recevez un(e) ami(e) chez vous, dans votre pays. Présentez-lui votre ville.

Sujet 2 : Décrivez votre quartier. L'aimez-vous ? Dites pourquoi.

Sujet 3 : Quel est le mois de l'année que vous préférez ? Expliquez pourquoi.

Sujet 4 : Quel est le trajet le plus fréquent que vous faites dans la semaine ? Décrivez-le.

Sujet 5 : Quel est le quartier de votre ville que vous préférez ? Décrivez-le et dites pourquoi vous l'aimez.

Grille d'évaluation et barème sur 20 points

Se fait globalement comprendre	0	0,5	1	**1,5**	**2**	**2,5**	**3**	**3,5**	**4**
Étendue du vocabulaire	0	0,5	1	**1,5**	**2**	**2,5**	**3**		
Réalisation des fonctions discursives	0	0,5	1	**1,5**	**2**	**2,5**	**3**		
Correction grammaticale et degré d'élaboration des phrases	0	0,5	**1**	**1,5**	**2**				
Prononciation, prosodie	0	0,5	1	**1,5**	**2**				
Aisance, fluidité	0	0,5	**1**	**1,5**	**2**				
Interaction	0	0,5	**1**	**1,5**	**2**				
Articulation du discours *(et, mais, alors)*	0	0,5	**1**	**1,5**	**2**				

Fiche 27 — A2 : Interaction orale

Descripteur évalué	MONOLOGUE SUIVI : décrire l'expérience **Peut faire une description brève et élémentaire d'un événement ou d'une activité.** **Peut décrire les aspects de son environnement quotidien tels que les gens, les lieux.** INTERVIEWER ET ÊTRE INTERVIEWÉ (l'entretien) **Peut répondre à des questions simples et réagir à des déclarations simples dans un entretien.**
Fonctions discursives (actes de langage)	Décrire, raconter
Objectif à maîtriser	Être capable de produire un récit oral se situant dans le passé
Type de tâche	Raconter un événement dont on a été l'acteur et le témoin
Public	Adolescents, adultes
Niveau taxonomique	Expression, application, analyse
Support	Un schéma d'accident de la circulation, par exemple sur un constat d'assurance
Domaine	Privé

Consigne

Examinez le schéma ci-dessous.

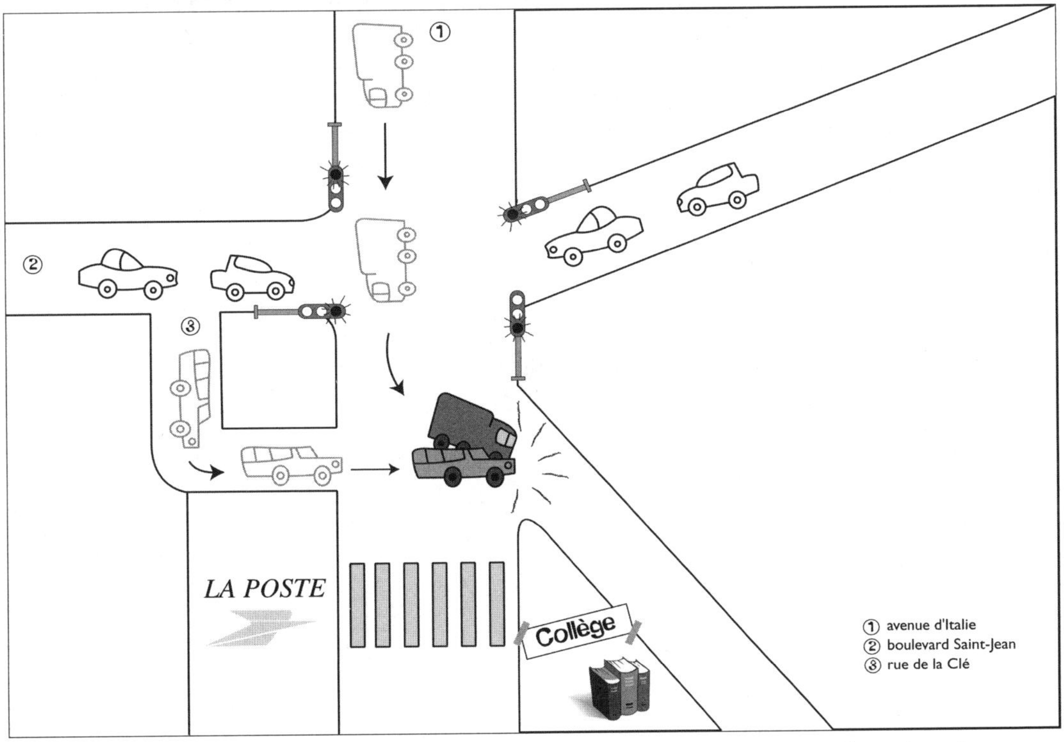

Vous êtes le chauffeur de la petite voiture. L'accident a eu lieu hier après-midi vers 17 heures. Préparez votre récit pendant 5 à 10 minutes en tenant compte des indications portées sur le schéma, puis présentez-le oralement à l'examinateur, qui joue le rôle du témoin de l'accident et peut donc vous poser des questions ou vous contredire. Durée : 5 à 10 minutes maximum.

Grille d'évaluation et barème sur 20 points

Respect de la consigne : prise en compte des informations présentes sur le schéma*	0	1	2	3	4	**5**
Adéquation de la production à la situation proposée et qualité de l'interaction**	0	1	2	3	4	**5**
Correction morphosyntaxique***	0	1	2	3	**4**	
Correction phonétique	0	1	2	**3**		
Débit, fluidité, intonation	0	1	2	**3**		

* Respect de la consigne : le candidat doit tenir compte des indications portées sur le schéma.
– Il est entièrement dans son tort bien que venant de la droite du camion.
– Il sortait d'une petite rue, non prioritaire par rapport à la grande avenue.
– L'accident a eu lieu la veille, à 5 h de l'après-midi, au carrefour (indiquer les noms des rues).
– L'accident a eu lieu devant la poste, juste avant le collège.

** Adéquation de la production à la situation proposée et qualité de l'interaction : les indications portées sur le schéma sont-elles utilisées par le candidat ?
– Allait-il à la poste ?
– Les élèves étaient-ils sortis du collège (5 h de l'après-midi) ?
– Le candidat nie-t-il qu'il était dans son tort, se trouve-t-il des excuses ?
– Répond-il de façon pertinente aux questions posées ?
– etc.

*** Correction morphosyntaxique :
– Aucune erreur : 4 points
– Rares erreurs : 3 points
– Erreurs qui gênent légèrement la compréhension : 2 points
– Erreurs fréquentes, l'examinateur doit faire reformuler : 1 point
– On ne peut pas le comprendre : 0 point

Niveau B1

Caractéristique du niveau B1 : capacité à soutenir une discussion, à pouvoir exprimer des opinions, à se débrouiller...

Le niveau B1 est le premier niveau de compétence d'un utilisateur « indépendant ». Il recouvre entre 150 et 180 heures supplémentaires d'apprentissage (volume horaire moyen).

Un apprenant qui maîtrise ce niveau peut exprimer l'essentiel de ce qu'il/elle souhaite de façon compréhensible. Il peut par exemple expliquer une idée ou un problème et se faire comprendre. Sa prononciation est intelligible et il dispose d'un vocabulaire suffisant pour parler de ses domaines d'intérêt. Il peut éventuellement paraphraser s'il ne trouve pas les mots adéquats.

On le voit, l'utilisateur de ce niveau correspond bien à la définition qu'en a donné son auteur, le professeur John Trim : « Être capable de se débrouiller dans des situations imprévues de la vie quotidienne, au cours d'un voyage, et être capable de lier des relations avec autrui. »

- En compréhension générale des écrits, l'apprenant peut...

Comprendre des textes plus longs se rapportant à son domaine d'intérêt et inférer le sens d'un mot inconnu grâce à son contexte. Rechercher et trouver une information dans un texte assez long, voire dans plusieurs textes différents.
Repérer le déroulement et les conclusions d'une argumentation sans en comprendre nécessairement le détail.

- En compréhension générale de l'oral, il peut...

Suivre les points principaux d'une longue discussion se déroulant en sa présence, à condition que la langue soit standard et clairement articulée. Comprendre des informations techniques simples, par exemple des modes d'emploi pour des appareils d'usage courant.
Il peut également comprendre l'information contenue dans la plupart des documents enregistrés ou radiodiffusés, si le sujet est familier et si la langue est clairement articulée.

- En production orale générale, il est capable de...

Raconter un événement en apportant les détails nécessaires à sa compréhension. Décrire ses sentiments et ses réactions. Expliquer un problème et exposer des solutions.
Il peut également développer une argumentation suffisamment claire et être compris sans difficulté la plupart du temps. Il peut vérifier par des questions s'il a été compris.

- En production écrite générale, il peut...

Écrire des textes articulés simplement sur une gamme de sujets variés dans son domaine en liant une série d'éléments discrets en une séquence linéaire.
Faire le compte rendu d'expériences en décrivant ses sentiments et ses réactions dans un texte simple et articulé.

Raconter une histoire. Écrire des rapports très brefs de forme standard conventionnelle qui transmettent des informations factuelles courantes et justifient des actions. Prendre des notes sous forme d'une liste de points clés lors d'un exposé simple à condition que le sujet soit familier, la formulation directe et la diction claire en langue courante.

Pour les 125 descripteurs détaillés de ces compétences, se reporter au *Cadre européen commun de référence*.

Types de supports d'activités qui peuvent être utilisés au niveau B1

Compréhension des écrits	• Modes d'emplois • Tout texte factuel direct sur des sujets familiers • Correspondances personnelles et administratives • Prospectus et documents officiels courts • Textes argumentatifs simples • Articles de journaux, de magazines
Compréhension de l'oral	• Émissions de radio, programmes TV sur des sujets familiers • Toutes conversations et discussions portant sur des sujets variés, plutôt concrets • Conférences et exposés enregistrés, sur des domaines familiers • Annonces et informations techniques • Bulletins d'informations à la radio et à la télévision • Interview à la radio ou à la télévision sur des sujets familiers • Films d'action, reportages
Production d'écrits	• Notes prises pour pouvoir ensuite s'y reporter • Messages pris sous la dictée • Comptes rendus d'expériences • Résumés d'informations factuelles • Brefs rapports informatifs
Production orale	• Descriptions diverses, sujets variés • Relation d'expériences et d'événements • Développement d'une argumentation • Annonces • Exposés sur des sujets variés • Toute situation susceptible de se produire au cours d'un voyage (magasins, bureaux de poste, banques, agences de voyages, etc.)
Interaction orale	• Toute conversation ou discussion sur des sujets familiers concrets et abstraits • Toute situation liée à la santé (description des symptômes chez le médecin, à l'hôpital, etc.)

Fiche 28 B1 : Compréhension des écrits

Descripteur évalué	LIRE POUR S'ORIENTER **Peut trouver et comprendre l'information pertinente dans des écrits quotidiens tels que lettres, prospectus et courts documents officiels**
Objectif à maîtriser	Compétence de lecture sélective
Type de tâche	Être capable de repérer les éléments du texte porteurs d'informations à rechercher
Public	Adolescents, adultes
Niveau taxonomique	Transfert, application, analyse élémentaire
Support	Une page de publicité pour *Le Guide des hôtels de charme*
Domaine	Public
Sous-domaine	Lieux publics : hôtels

Consigne

Voici deux documents : une page de publicité et un tableau à compléter. Prenez-en connaissance, puis recherchez les informations demandées et indiquez dans quel paragraphe elles se trouvent en mettant une croix dans la case correspondante. Vous avez 15 minutes.

	§ 1	§ 2	§ 3	§ 4	§ 5	§ 6
1. On y parle du prix						
2. On y cite le nombre d'établissements						
3. On localise les établissements						
4. On y donne le prix du *Guide*						
5. On y parle de la qualité de la cuisine						
6. On cite les équipements sanitaires						
7. On indique que l'hôtel s'occupe de garer votre voiture						
8. On indique qu'ils n'ont pas une grande capacité d'accueil						
9. On conseille de se renseigner à l'avance sur les tarifs						
10. On dit qu'on y trouve une cuisine classique						
11. On explique comment les hôtels ont été choisis						
12. On assure qu'il n'en existe pas deux pareils						
13. On dit que l'accueil y est chaleureux						
14. On dit ce qu'il faut faire pour obtenir plus de renseignements						

Le Guide des hôtels de charme

1 Le nouveau *Guide des hôtels et des auberges de charme* vient de paraître (18,30 €). Cette année, les critères de sélection sont affinés. Ils comportent : le charme de la décoration des chambres et le confort des installations, bien sûr, mais également la qualité de l'accueil et de la restauration, le goût de la tradition.

2 Plus d'une centaine de petits hôtels de charme installés dans des quartiers calmes et historiques de Paris font partie de la sélection. Partez à leur découverte ! Réveillez-vous au pied de Notre-Dame, à Saint-Germain-des-Prés, occupez la chambre de Chopin… Chaque hôtel est unique, votre séjour fera partie de vos plus beaux souvenirs.

3 Une des caractéristiques de ces hôtels de charme étant leur petite taille (entre cinq à quinze chambres), soyez prévoyants, réservez longtemps à l'avance, sous peine de ne plus trouver de place si vous vous y prenez au dernier moment.

4 Charme ne signifie pas haute catégorie de luxe : les hôtels sélectionnés sont de catégories diverses. Vérifiez la catégorie de l'hôtel et le confort de la chambre (douche, toilettes, salle de bains) lors de votre réservation car vous ne pouvez avoir le même niveau d'exigence pour une chambre à 50 euros que pour une à 110 euros ! Faites-vous préciser le prix pour ne pas avoir de mauvaise surprise à l'arrivée.

5 La demi-pension est souvent obligatoire lors de la réservation. Cette solution est avantageuse car elle vous économisera le prix d'un déjeuner ou d'un dîner au restaurant. Vous ne serez pas déçus par ce qu'on vous y propose, car les plats sont toujours de qualité, dans un style traditionnel et de bon goût.

6 Que vous veniez avec enfants et amis, l'accueil sera toujours courtois et agréable. Si vous souhaitez garder avec vous votre animal favori, vérifiez auparavant sur http://www.guidehoteldecharmeparis qu'il sera accepté, ce qui n'est pas toujours le cas. Enfin, si vous venez en voiture, l'hôtel se chargera de trouver une place de parking.

Grille d'évaluation et barème sur 20 points

On comptera 1 point par ✗ correctement placé.
On acceptera la réponse 5 à la question 14, soit 20 ✗ au total.

	§ 1	§ 2	§ 3	§ 4	§ 5	§ 6
1. On y parle du prix				✗		
2. On y cite le nombre d'établissements		✗				
3. On localise les établissements		✗				
4. On y donne le prix du *Guide*	✗					
5. On y parle de la qualité de la cuisine					✗	
6. On cite les équipements sanitaires					✗	
7. On indique que l'hôtel s'occupe de garer votre voiture						✗
8. On indique qu'ils n'ont pas une grande capacité d'accueil			✗			
9. On conseille de se renseigner à l'avance sur les tarifs				✗		
10. On dit qu'on y trouve une cuisine classique					✗	
11. On explique comment les hôtels ont été choisis	✗					
12. On assure qu'il n'en existe pas deux pareils		✗				
13. On dit que l'accueil y est chaleureux						✗
14. On dit ce qu'il faut faire pour obtenir plus de renseignements						✗

Fiche 29 B1 : Compréhension de l'oral

Descripteur évalué	COMPRENDRE DES ÉMISSIONS DE RADIO ET DES ENREGISTREMENTS **Peut comprendre les points principaux des bulletins d'information radiophoniques et de documents enregistrés simples, sur un sujet familier, si le débit est assez lent et la langue relativement articulée.**
Type de tâche	Écouter et comprendre la radio
Public	Adultes
Niveau taxonomique	Maîtrise, transfert
Support	Un enregistrement d'une radio francophone
Domaine	Public

Consigne

Prenez connaissance des questions pour savoir sur quoi porter votre attention. Écoutez le document. Vous l'entendrez deux fois, puis répondez aux questions, en mettant une croix dans la bonne case selon que l'affirmation vous semble exacte (Vrai), inexacte (Faux) ou absente du document (Non cité).

Document oral (à lire ou à enregistrer)

Et maintenant, l'actualité francophone, notre rendez-vous hebdomadaire. En deux minutes, pas une de plus, nous vous racontons l'actualité des grands événements culturels français, canadiens, suisses et belges.

Cette semaine en Belgique, une exposition pas très gaie, mais passionnante : la guerre et son cortège de malheurs est au centre de cette exposition que le musée de la Photographie à Charleroi consacre à une photographe américaine établie à Paris. À voir du mois d'octobre à fin décembre.

En Suisse, beaucoup plus romantique ! Une exposition sur les couchers de soleil du peintre Félix Vallotton. Félix Valloton est né à Lausanne, et il a la chance d'exposer à Berne, dans son propre pays. Les Suisses l'adorent, nous aussi. On a six mois pour admirer les couchers de soleil de Félix.

À Québec, au musée des Beaux-Arts du Canada, retour sur les années 1960 : meubles, lampes, téléphones, créations domestiques ou commerciales témoignent d'une société en plein changement. Dans les années 1960 le Canada a commencé à se montrer sous une autre image que celle d'un peuple de bûcherons. Au Québec, c'est donc la révolution tranquille de l'enthousiasme et de la créativité. Dépêchez-vous, cette exposition ne dure que quinze jours.

Et puis, en France, un autre approche de la photographie avec l'écrivaine Annie Ernaux et son dernier livre : *L'Usage de la photo*. Une femme et un homme choisissent quatorze photographies qui témoignent de leur vie. Pourquoi font-ils cela ? Pour illustrer certains aspects de leur vie. De fin octobre à fin novembre.

Si vous vous trouvez dans l'une de ces villes, n'hésitez pas, courez aux musées, vous ne le regretterez pas !

À la semaine prochaine pour notre actualité culturelle francophone et d'ici là, bonne semaine à tous !

	Vrai	Faux	Non cité
1. On peut écouter cette émission tous les jours.		✗	
2. L'émission dure 12 minutes, pas une de plus.		✗	
3. On y parle de l'actualité culturelle du monde entier.		✗	
4. En Belgique et en France, on peut voir des expositions de photos.	✗		
5. L'exposition belge est sur la Première Guerre mondiale.			✗
6. On peut voir l'exposition suisse pendant six mois.	✗		
7. La durée de l'exposition québécoise est la plus courte.	✗		
8. Les couleurs des photographies françaises sont superbes.			✗
9. On peut voir les photographies françaises pendant un mois.			
10. L'actualité culturelle francophone change chaque semaine.			✗

Grille d'évaluation et barème sur 20 points

Vrai : 4, 6 et 7 ; Faux : 1, 2, 3 ; Non cité : 5, 8 et 10.

Fiche 30 — B1 : Production d'écrits

Descripteur évalué	ESSAIS ET RAPPORTS **Peut résumer avec une certaine assurance une source d'informations factuelles sur des sujets familiers courants et non courants dans son domaine et en faire le rapport.**
Fonctions discursives (actes de langage)	Commenter
Objectif à maîtriser	Être capable de commenter sommairement un sondage
Savoirs requis	L'expression de la comparaison, quantitative et qualitative
Public	Adolescents, adultes
Niveau taxonomique	Transfert, analyse
Support	Sondage sur « la popularité des Français auprès des étrangers »
Domaine	Public

Consigne

Commentez ce sondage en cinq phrases. Dans chaque phrase, vous comparerez ce que pense une population des Français avec ce qu'en pense une autre population. Vous utiliserez pour cela des éléments de comparaison.

Ce que pensent les Japonais

Quelles sont les principales qualités des Français ?	
Sympathiques	37
Propres	24
Intelligents	23
Accueillants	7
Débrouillards	4
Sérieux	3
Courageux	3
Énergiques	3
Honnêtes	3
Travailleurs	2
Sans opinion	31

Quels sont les principaux défauts des Français ?	
Contents d'eux	23
Froids, distants	19
Bavards	12
Entêtés	11
Hypocrites	6
Paresseux	5
Agressifs	4
Malhonnêtes	2
Vieux jeu	2
Menteurs	1
Sans opinion	35

Ce que pensent les Anglais

Quelles sont les principales qualités des Français ?	
Accueillants	22
Travailleurs	18
Débrouillards	18
Sérieux	18
Intelligents	17
Propres	16
Sympathiques	15
Énergiques	13
Honnêtes	9
Courageux	5
Sans opinion	35

Quels sont les principaux défauts des Français ?	
Contents d'eux	23
Entêtés	21
Bavards	18
Hypocrites	17
Froids, distants	16
Agressifs	15
Vieux jeu	9
Malhonnêtes	5
Paresseux	5
Menteurs	5
Sans opinion	34

Ce que pensent les Russes

Quelles sont les principales qualités des Français ?	
Sympathiques	78
Intelligents	73
Débrouillards	71
Accueillants	70
Énergiques	69
Travailleurs	6
Courageux	51
Propres	43
Sérieux	38

Quels sont les principaux défauts des Français ?	
Bavards	48
Contents d'eux	38
Paresseux	23
Hypocrites	10
Agressifs	10
Vieux jeu	10
Froids, distants	9
Menteurs	8
Malhonnêtes	7
Entêtés	6

Ce que pensent les Américains

Quelles sont les principales qualités des Français ?	
Sympathiques	38
Intelligents	33
Travailleurs	28
Accueillants	22
Débrouillards	19
Énergiques	19
Propres	16
Honnêtes	16
Sérieux	14
Courageux	12
Sans opinion	32

Quels sont les principaux défauts des Français ?	
Bavards	21
Contents d'eux	20
Froids, distants	16
Entêtés	14
Hypocrites	13
Vieux jeu	11
Agressifs	10
Menteurs	8
Paresseux	5
Malhonnêtes	4
Sans opinion	45

D'après *Le Figaro Magazine* (réponses données à l'aide d'une liste).

Grille d'évaluation et barème sur 20 points

Ce barème est à utiliser pour chacune des cinq phrases.

Le texte produit consiste bien en un commentaire comparatif	0	0,5	1
Les éléments comparatifs proviennent du texte et ont été bien compris	0	0,5	1
Les structures comparatives sont correctement utilisées	0	0,5	1
La phrase est cohérente	0	0,5	1

Fiche 31 B1 : Production orale en interaction

Descripteur évalué	INTERACTION ORALE GÉNÉRALE **Peut communiquer avec une certaine assurance sur des sujets familiers habituels ou non en relation avec ses intérêts et un domaine professionnel. Peut aborder sans préparation une conversation sur un sujet familier, exprimer des opinions personnelles et échanger de l'information sur des sujets familiers, d'intérêt personnel ou pertinents pour la vie quotidienne (par exemple, la famille, les loisirs, le travail, les voyages et les faits divers).**
Fonctions discursives (actes de langage)	Décrire, raconter, répondre à une demande d'information, exprimer le fait d'aimer, d'apprécier quelqu'un ou quelque chose, exprimer son point de vue, proposer à quelqu'un qu'il fasse quelque chose, conseiller.
Type de tâche	Répondre à des questions dans le cadre d'une conversation à la fois formelle et informelle.
Public	Adolescents, adultes
Niveau taxonomique	Expression
Support	Un corpus de sujets traitant de domaines de la vie quotidienne
Domaine	Privé

Consigne. Choisissez un des sujets et donnez le maximum d'informations et d'opinions à votre examinateur.

Sujet 1 : Vous venez de voir un film ou de lire un livre qui vous a énormément plu. Résumez l'histoire, l'intrigue et expliquez votre enthousiasme.

Sujet 2 : Vous avez assisté à un incident comique ou dramatique, ou à un accident, dans la rue. Racontez cet incident ou cet accident, dites ce que vous avez ressenti et comment vous avez réagi.

Sujet 3 : Il est arrivé quelque chose d'agréable, récemment, à vous-même ou à l'une de vos connaissances (frère, sœur, ami, amie, etc.). Racontez cet événement, dites ce que vous avez ressenti et comment vous avez réagi.

Sujet 4 : Vous venez d'assister à une fête traditionnelle dans votre pays. Racontez les raisons de cette fête, comment elle se déroule, et dites si vous l'appréciez ou non en expliquant les raisons.

Grille d'évaluation et barème sur 20 points

Se fait globalement comprendre	0	0,5	1	1,5	2	2,5	3	3,5	4
Étendue du vocabulaire	0	0,5	1	1,5	2	2,5	3		
Réalisation des fonctions discursives	0	0,5	1	1,5	2	2,5	3		
Corr. grammaticale et degré d'élaboration des phrases	0	0,5	1	1,5	2				
Prononciation, prosodie	0	0,5	1	1,5	2				
Aisance, fluidité	0	0,5	1	1,5	2				
Interaction	0	0,5	1	1,5	2				
Articulation du discours	0	0,5	1	1,5	2				

Fiche 32 — B1 : Maîtrise de l'orthographe

Descripteur évalué	**L'orthographe, la ponctuation et la mise en page sont assez justes pour être suivies facilement le plus souvent.**
Savoirs requis	Les règles de la ponctuation
Objectifs à maîtriser	Être capable de discerner les différents sens de la phrase selon la ponctuation. Être capable de ponctuer correctement.
Type de tâche	Linguistique
Public	Tout public
Niveau taxonomique	Maîtrise, connaissance, application
Support	Différents corpus de phrases et de textes courts
Domaine	Privé

Consigne 1

Pour chacune des phrases suivantes, trouvez deux ponctuations possibles selon deux sens différents que vous donnez à la phrase.

a. Le professeur nous dit l'ordinateur est un imbécile.

b. Messieurs les Anglais tirez les premiers

Consigne 2

Écrivez deux phrases correctes en respectant la ponctuation imposée. N'oubliez pas les majuscules !

a. « ____________________, ______________, ______________________ ? »

b. « ____________________________________ : _______, _____________ ! »

Consigne 3

Rétablissez les virgules aux endroits où cela vous semble nécessaire.

a. Il s'est levé tôt a pris un café sa douche et est sorti dans la nuit noire.

b. Lorsque vous sortirez pensez à fermer l'électricité le gaz et à mettre la clé chez la gardienne.

c. C'était un jeune homme calme posé réfléchi qui ne parlait pas pour ne rien dire.

Consigne 4

Ponctuez cet extrait de roman de façon satisfaisante :

Qui a inventé le point-virgule
Je ne sais pas
À quoi sert-il
À rien
À embêter le monde à rassurer les écrivains timides à masquer le flou de la pensée derrière le flou de la syntaxe bref à rien de bon

La preuve on peut toujours le remplacer par un point Essayez vous verrez Chaque fois que dans vos lectures vous trouverez un point-virgule mettez un point à la place et aussi par voie de conséquence une belle majuscule au premier mot qui suit Miracle Soudain tout sonne tellement plus clair plus net plus décidé

François Cavanna, *Mignonne, allons voir si la rose…*,
Paris, Albin Michel, 2001.

Grille d'évaluation et barème sur 30 points

Item 1 : sur 4 points, 1 point par phrase bien ponctuée
a. 1re ponctuation possible : « Le professeur nous dit : « L'ordinateur est un imbécile ! »
2e ponctuation possible : « Le professeur, nous dit l'ordinateur, est un imbécile ! »
b. 1re ponctuation : « Messieurs les Anglais, tirez les premiers ! » (phrase bien connue).
2e ponctuation : « Messieurs ! Les Anglais ! Tirez les premiers ! » (et voilà comment on réécrit l'histoire...).

Item 2 : sur 4 points (2 points par phrase correcte d'un point de vue morphosyntaxique et bien ponctuée).

Item 3 : sur 7 points (1 point par signe de ponctuation bien placé).
a. Il s'est levé tôt, a pris un café, sa douche et est sorti dans la nuit noire.
b. Lorsque vous sortirez, pensez à fermer l'électricité, le gaz et à mettre la clé chez la gardienne.
c. C'était un jeune homme calme, posé, réfléchi, qui ne parlait pas pour ne rien dire.

Item 4 : sur 22 points (1 point par signe de ponctuation correct).
Qui a inventé le point-virgule ?
Je ne sais pas.
À quoi sert-il ?
À rien.
À embêter le monde, à rassurer les écrivains timides, à masquer le flou de la pensée derrière le flou de la syntaxe... bref, à rien de bon.
La preuve : on peut toujours le remplacer par un point. Essayez, vous verrez. Chaque fois que, dans vos lectures, vous trouverez un point-virgule, mettez un point à la place et aussi, par voie de conséquence, une belle majuscule au premier mot qui suit. Miracle ! Soudain tout sonne tellement plus clair, plus net, plus décidé !

Pour obtenir une note sur 20 points : $\frac{\text{note de l'élève x 20}}{30}$

Niveau B2

Caractéristique du niveau B2 : capacité à argumenter, à converser sans effort, à prendre conscience de ses erreurs.

Le niveau B2 est le niveau supérieur de compétence d'un utilisateur « indépendant ». Il recouvre entre 200 et 250 heures supplémentaires d'apprentissage (volume horaire moyen).

Un apprenant qui maîtrise ce niveau peut communiquer avec spontanéité, parler relativement longtemps avec des locuteurs natifs sans imposer d'effort de part ni d'autre. Il peut s'adapter aux changements de sujet, de style et de ton rencontrés normalement dans une conversation.

Son orthographe et sa ponctuation sont relativement corrects, il a un bon contrôle grammatical et une bonne gamme de vocabulaire pour les sujets relatifs à son domaine et les sujets les plus généraux. Bref, il peut exprimer l'essentiel de ce qu'il/elle souhaite de façon compréhensible.

- En compréhension générale des écrits, l'apprenant peut...

Lire avec un grand degré d'autonomie en adaptant le mode et la rapidité de lecture à différents textes et objectifs et en utilisant les références convenables de manière sélective. Possède un vocabulaire de lecture large et actif mais pourra avoir des difficultés avec des expressions peu fréquentes.

- En compréhension générale de l'oral, il peut...

Comprendre une langue orale standard en direct ou à la radio sur des sujets familiers et non familiers se rencontrant normalement dans la vie personnelle, sociale, universitaire ou professionnelle. Seul un très fort bruit de fond, une structure inadaptée du discours ou l'utilisation d'expressions idiomatiques peuvent influencer la capacité à comprendre. Comprendre les idées principales d'interventions complexes du point de vue du fond et de la forme, sur un sujet concret ou abstrait et dans une langue standard, y compris des discussions techniques dans son domaine de spécialisation, et suivre une intervention d'une certaine longueur et une argumentation complexe à condition que le sujet soit assez familier et que le plan général de l'exposé soit indiqué par des marqueurs explicites.

- En production orale générale, il est capable de...

Faire une description et une présentation détaillées sur une gamme étendue de sujets relatifs à son domaine d'intérêt en développant et justifiant les idées par des points secondaires et des exemples pertinents.

- En production écrite générale, il peut...

Écrire des textes clairs et détaillés sur une gamme étendue de sujets relatifs à son domaine d'intérêt en faisant la synthèse et l'évaluation d'informations et d'arguments empruntés à des sources diverses.

- En interaction orale, il peut...

Commencer, soutenir et terminer une conversation avec naturel et avec des tours de parole efficaces. Prendre des initiatives dans un entretien, élargir et développer ses idées, sans grande aide ni stimulation de la part de l'interlocuteur.

Pour les 115 descripteurs détaillés de ces compétences, se reporter au *Cadre européen commun de référence*.

Types de supports d'activités qui peuvent être utilisés à ce niveau

Compréhension des écrits	• Tout type de correspondance personnelle ou formelle • Articles • Reportages • Instructions complexes
Compréhension de l'oral	• Tout type d'émission (documentaires, reportages) à la radio ou la télévision • Tout type de films • Tout type de conversation et discussion • Conférences, exposés • Interviews • Tables rondes
Production d'écrits	• Tout type de textes descriptifs, narratifs, argumentatifs • Essais et rapports • Comptes rendus • Prises de notes
Production et interaction orale	• Tout type de description, narration • Argumentations sur des sujets concrets • Annonces • Exposés

Fiche 33 — B2 : Compréhension des écrits

Descripteur évalué	LIRE POUR S'INFORMER ET DISCUTER **Peut comprendre des articles et des rapports sur des problèmes contemporains et dans lesquels les auteurs adoptent une position ou un point de vue particuliers.**
Type de tâche	Lecture individuelle
Public	Grands adolescents, adultes
Niveau taxonomique	Transfert, expression, analyse
Support	Un article de journal sur un sujet polémique
Domaine	Public

Consigne

Lisez l'article suivant puis répondez aux questions, en mettant une croix dans la colonne « Vrai » si l'affirmation est exacte, « Faux » si l'affirmation est inexacte ou « Non cité » si le sujet n'est pas évoqué dans le document.

Un coup dur pour notre amour-propre national

D'abord, la gifle à notre amour-propre national : à part les Italiens, les Belges et les Espagnols, personne n'a très envie, hors des limites de l'Hexagone, d'avoir une aventure amoureuse avec une Française ou un Français. Résolument hostiles : les Britanniques, les Américains et surtout les Japonais.

Encore faut-il distinguer les hommes des femmes ! Les Italiens, les Belges, les Espagnols et les Québécois se laisseraient faire une douce violence. Mais leurs femmes ne veulent rien entendre. La fameuse séduction du mâle français est littéralement pulvérisée par les réponses des interviewés. Un château fort d'illusions vient, du coup, d'être réduit en poussière.

Mais, après tout, ces étrangers nous connaissent-ils ? Réponse : plutôt mal. Une preuve évidente : une écrasante majorité des personnes interrogées ignorent le chiffre de la population française. La plupart croient que nous sommes beaucoup plus nombreux : Britanniques, Japonais, Américains, Allemands, Italiens et Russes croient que la population française se situe quelque part entre 67 et 112 millions d'habitants.

Ce sont les Espagnols qui sont les plus précis : 31 % de nos voisins d'outre-Pyrénées savent que nous sommes 61 millions[1]. En Grande-Bretagne, ils ne sont que 12 % à donner une réponse correcte.

Sommes-nous aimés ? Oui. 29 % des Britanniques déclarent avoir plutôt de la sympathie à notre endroit, contre 17 % de l'antipathie. 51 % n'ont pas de sentiment. Les Américains, les Québécois, les Allemands ont une certaine tendresse pour nous ; les Belges, les Italiens et les Russes nous adorent. Ce sont les Espagnols qui nous regardent de travers (18 %). Cependant, là encore, ils sont 36 % à nous estimer.

1. Au 1er janvier 2004, la population de la France métropolitaine et d'outre-mer est estimée à 61,7 millions d'habitants.

Tendance confirmée par les principales qualités qu'on veut bien nous reconnaître : pour presque tous les pays, nous sommes sympathiques et accueillants. Le qualificatif d'« accueillants » surprendra. Nous nous jugeons bougons, mal embouchés vis-à-vis des étrangers. Or, ils ont un sentiment contraire.

Même unanimisme en ce qui concerne nos défauts : nous sommes « contents de nous et bavards ». Sur ce point, les Britanniques, les Américains, les Japonais, les Italiens, les Russes sont tous d'accord. Seule note discordante : l'Espagne. Pour 30 % des Espagnols, nous sommes froids et distants.

[...] Bref, l'image que les autres ont de nous est convenable. Mais comme disent les professeurs en fin d'année : « Pourraient mieux faire. »

Article de Georges Suffert pour un sondage, *Le Figaro-Magazine*.

	Vrai	Faux	Non cité
1. Les Français sont susceptibles.			
2. L'auteur affirme que le mythe du Français séducteur n'existe plus.			
3. Les pourcentages montrent que la majorité des personnes interrogées pense que les Français aiment la discussion.			
4. La France a une bonne image culturelle.			
5. Les défauts des Français sont moins importants que leurs qualités.			
6. La population française est de 67 millions.			
7. La majorité des personnes sondées ignorent le chiffre exact de la population française.			
8. La France n'a pas encore une bonne image scientifique et technique.			
9. Plus de Britanniques trouvent les Français sympathiques que l'inverse.			
10. Les Français pensent qu'ils ne sont pas aimables avec les étrangers.			

Grille d'évaluation et barème sur 20 points (2 points par réponse correcte)

	Vrai	Faux	Non cité
1.			✗
2.	✗		
3.	✗		
4.			✗
5.		✗	
6.		✗	
7.	✗		
8.			✗
9.	✗		
10.	✗		

Fiche 34 — B2 : Compréhension écrite

Descripteur évalué	CORRECTION SOCIOLINGUISTIQUE **Peut s'exprimer convenablement en situation et éviter de grossières erreurs de formulation.**
Fonctions discursives (actes de langage)	S'exprimer correctement en fonction d'une situation donnée et respecter les usages
Objectif à maîtriser	Être capable de reconnaître des situations qui exigent des registres de langue différents
Public	Adolescents, adultes
Niveau taxonomique	Maîtrise, application
Support	Corpus de différentes situations de communication posant un problème de connaissance sociolinguistique
Domaine	Privé

Consigne

Lisez attentivement le document ci-dessous. Il décrit des situations de la vie quotidienne qui peuvent vous arriver en France. Chaque situation est suivie d'une affirmation en italique. Pour chacune de ces affirmations, dites si elle vous semble « vraie », « fausse » ou si les deux solutions sont toujours possibles, en mettant une croix dans la case correspondante.

Avant de commencer, deux explications : « voussoyer » signifie dire « vous » à quelqu'un et « tutoyer » signifie dire « tu ».

	Vrai	Faux	Les 2
1. Dans le métro, vous posez votre pied sur le pied de votre voisin que vous ne connaissez pas. Celui-ci vous demande de retirer votre pied. *Il vous voussoye.*			
2. Dans le train, vous proposez votre place à une dame âgée qui vient de monter. *Elle vous remercie en vous voussoyant.*			
3. Vous rencontrez par hasard un vieil ami avec qui vous avez fait toutes vos études. *Vous le voussoyez.*			
4. En France, dans les familles françaises, *tous les enfants voussoyent leurs parents.*			
5. Le président de la République s'adresse aux Français à la télévision. *Il les tutoie.*			
6. Vous êtes à une fête entre collègues. *Vos collègues vous voussoyent.*			
7. Vous venez d'être engagé comme stagiaire dans une entreprise. Le directeur entre sans frapper dans le bureau où vous travaillez. Vous lui dites : *« Tiens ! Salut ! Comment ça va ? »*			
8. Vous entrez dans l'ascenseur. Quelqu'un entre juste après vous. Vous lui dites : *« Quel étage ? »*			

9. Au café. Vous avez soif. Vous appelez la serveuse. Vous lui dites : *« Mademoiselle s'il te plaît ! »*			
10. À la banque. Vous désirez ouvrir un compte. Vous vous adressez à l'employé. Vous lui dites : *« Ouvrez-moi un compte ! »*			
11. Le taxi s'arrête, vous êtes arrivé. Vous lui dites : *« Je te dois combien ? »*			
12. Il y a la queue pour passer à la caisse du magasin. Vous êtes pressé. Vous demandez à la personne qui est juste devant vous : *« Pourriez-vous me laisser passer s'il vous plaît ? Je suis pressé. »*			
13. Vous revenez des commissions, les bras chargés de paquets. Votre chien vous accueille en vous sautant dans les bras. Vous lui dites : *« Mais poussez-vous donc ! »*			
14. Le téléphone sonne. Vous décrochez. C'est un ami de votre fille qui veut lui parler. *Vous le tutoyez.*			
15. Au restaurant, vous demandez à votre voisine assise à la table à côté de la vôtre qu'elle vous passe le sel. *Vous la tutoyez.*			

Grille d'évaluation et barème sur 20 points

2 points par ✗ bien placé.

	Vrai	Faux	Les 2
1	✗		
2	✗		
3		✗	
4		✗	
5		✗	
6			✗
7		✗	
8			✗
9		✗	
10		✗	
11		✗	
12	✗		
13		✗	
14			✗
15		✗	

Fiche 35 — B2 : Compréhension de l'oral

Descripteur évalué	COMPRÉHENSION GÉNÉRALE DE L'ORAL **Peut comprendre une langue orale standard en direct ou à la radio sur des sujets familiers et non familiers se rencontrant normalement dans la vie personnelle, sociale, universitaire ou professionnelle. Seul un très fort bruit de fond, une structure inadaptée du discours ou l'utilisation d'expressions idiomatiques peuvent influencer la capacité à comprendre.**
Type de tâche	Comprendre le discours d'un guide touristique
Public	Adolescents, adultes
Niveau taxonomique	Transfert, expression, analyse
Support	Un enregistrement pendant une visite touristique de Paris
Domaine	Public

Consigne

Vous êtes dans un autobus touristique qui vous fait visiter Paris. Écoutez le guide et répondez ensuite aux questions.

Document oral (à lire ou à enregistrer)

Laissez-vous guider dans les rues, les places où la langue française a pris naissance, a vécu, a été malmenée et s'est aussi renouvelée.

Tout commence dans l'île de la Cité. Un petit peuple de mariniers et de pêcheurs, les Parisii, y établit sa capitale, Lutèce, dans le milieu du IIIe siècle avant notre ère. On y parlait une langue celtique : le gaulois. Après la conquête romaine en 52 avant J.-C., les oreilles gauloises durent s'habituer aux sonorités de la langue latine : progressivement, la Gaule s'accommoda du latin, en le transformant. Aux alentours du Ve siècle, le contact avec les langues parlées par les envahisseurs germains, les Francs en particulier, a encore modifié le latin des Gaulois. Il faudra attendre le IXe siècle pour trouver des textes écrits dans un premier état de notre langue, le très ancien français.

On ne peut passer devant Notre-Dame sans évoquer Esmeralda et Quasimodo, mais c'est bien le développement universitaire et l'enseignement dispensé par l'Église qui a popularisé les textes en ancien français. Rue de la Huchette, au n° 23, vous trouverez le théâtre de la Huchette. On y joue, tous les soirs, depuis 1957, *La Cantatrice chauve* et *La Leçon* de Ionesco, qui aime jongler avec les mots. D'origine roumaine, il a choisi notre langue pour donner libre cours à son génie. La place Saint-Michel marque le début du quartier étudiant, le quartier Latin, toujours animé par une foule cosmopolite. On y parlait latin hier et aujourd'hui français, avec toutes sortes d'accents. À l'extrémité du boulevard Saint-Germain, on aperçoit l'Institut du Monde arabe. Une centaine de mots du français nous sont venus du monde arabe. Et voici la place Marcelin-Berthelot, où François Ier a fondé le Collège des trois langues, aujourd'hui Collège de France. On y enseignait effectivement trois langues : l'hébreu, le grec et le latin. Les langues orientales sont venues ensuite. C'est dans ce collège qu'on a enseigné pour la première fois en français. Et nous voici rue de la Sorbonne, où Robert de Sorbon possédait trois maisons dans lesquelles il a créé, en 1257, un collège devenu ensuite la Sorbonne. C'est à la Sorbonne qu'on a imprimé le premier livre parisien et les éditeurs et les imprimeurs se sont installés dans ce quartier. En 1500, on en comptait déjà plus de 80.

1. La capitale des Parisii s'appelait :
☐ Lutèce ☐ Paris ☐ La Cité
2. Les Parisii parlaient :
☐ français ☐ celte ☐ gaulois
3. Les Gaulois ont adopté le latin à partir
☐ du IIIe siècle avant notre ère ☐ de 52 avant J.-C. ☐ du Ve siècle
4. Le latin des Gaulois a commencé à ressembler au français il y a
☐ 3 siècles ☐ 5 siècles ☐ plus de 10 siècles
5. Ionesco est un grand écrivain
☐ latin ☐ roumain ☐ français
6. L'Institut du Monde arabe se trouve
☐ place Saint Michel ☐ boulevard Saint-Germain ☐ sur l'île de la Cité
7. Combien de mots français viennent de l'arabe ?
☐ 10 ☐ 50 ☐ 100
8. Au Collège des trois langues, on enseignait
☐ l'italien ☐ le latin ☐ l'arabe
9. Le nom de l'université de la Sorbonne vient du nom de
☐ Robert de Sorbon ☐ Gilbert de Sorbon ☐ Albert de Sorbon
10. Les éditeurs se sont installés au quartier Latin au
☐ Xe siècle ☐ XVe siècle ☐ XVIe siècle

Grille d'évaluation et barème sur 20 points

1	Lutèce
2	Gaulois
3	52 avant J.-C.
4	+ de 10 siècles
5	roumain
6	bd Saint-Germain
7	100
8	le latin
9	Robert de Sorbon
10	XVIe siècle

Fiche 36 — B2 : Production d'écrits

Descripteur évalué	ESSAIS ET RAPPORTS **Peut synthétiser des informations et des arguments venant de différentes sources**
Fonctions discursives (actes de langage)	Résumer, synthétiser
Type de tâche	Scolaire, académique
Public	Grands adolescents, adultes
Niveau taxonomique	Expression créative
Support	Différents documents écrits
Domaine	Éducationnel

Consigne

Lisez les trois documents suivants. Au total ils font 478 mots. Vous résumerez les informations qu'ils contiennent en les synthétisant avec vos propres mots (environ 120 mots).

Sondage : la fiche technique

Cette enquête sur les livres fondateurs des Français a été réalisée du 16 juin au 26 juillet 2004 par le groupe d'études et d'opinion TNS Sofres à la demande de la SNCF, partenaire de « Lire en fête ». Sur la base d'un panel de 10 000 individus représentatif de la population française âgée de 15 ans et plus, les enquêteurs ont identifié 3 800 personnes ayant acheté un livre au moins pendant les 12 derniers mois. C'est à cet échantillon qu'a été adressé, par voie postale, le questionnaire. 2 121 personnes l'ont retourné. Le taux de réponse avoisine 57 %, plutôt un bon score en période estivale. Le questionnaire priait d'indiquer de deux à trois titres préférés. La plupart des personnes consultées, soit 64 %, ont livré leur « tiercé ». 18 % ont cité deux titres. Et 8 % se sont limités à un seul. Curieusement, et pour l'anecdote, 10 % des réponses réceptionnées ne mentionnaient aucun livre fondateur.

Les 10 livres préférés des Français

1. La Bible
2. *Les Misérables* (Hugo)
3. *Le Petit Prince* (Saint-Exupéry)
4. *Germinal* (Zola)
5. *Le Seigneur des anneaux* (Tolkien)
6. *Le Rouge et le Noir* (Stendhal)
7. *Le Grand Meaulnes* (Alain-Fournier)
8. *Vingt Mille Lieues sous les mers* (Jules Verne)
9. *Jamais sans ma fille* (Betty Mahmoody)
10. *Les Trois Mousquetaires* (Dumas)

Une certitude : les Français lisent leurs classiques

Les « monstres sacrés » du XXe siècle sont, bien sûr, dans le train. Mais que sont devenus Proust, Gide, Mauriac, ou, plus près de nous, Yourcenar, Duras, Modiano ? L'ambition n'était pas de dresser la liste des chefs-d'œuvre de la littérature universelle ou celle des livres au succès massif et continu, mais de recenser les ouvrages qui ont frappé leurs lecteurs en plein cœur. *Le Petit Prince*, d'Antoine de Saint-Exupéry, occupe la 3e place. Disparu en 1944, Saint-Ex pouvait-il pronostiquer le succès posthume ? *Le Petit Prince*, on le sait, bat le record mondial des traductions et sa diffusion ne faiblit pas. Émile Zola, l'auteur de *Germinal* (4e), est le chouchou des lecteurs. La 10e place des *Trois Mousquetaires* d'Alexandre Dumas confirme, semble-t-il, le penchant des Français, si volontiers bretteurs et fraternels, pour la ripaille et la querelle. Tout simplement parce que Dumas, c'est la France !

http://www.lire.fr/enquete.asp/idC=47404/idR=

Grille d'évaluation et barème sur 20 points

Respect de la consigne	0	0,5	1						
Performance globale	0	0,5	1	1,5	2				
Respect du destinataire (registre en adéquation)	0	0,5	1	1,5	2				
Articulation et cohérence de la synthèse (structuration, présence d'articulateurs)	0	0,5	1	1,5	2	2,5	3		
Pertinence de la reformulation	0	0,5	1	1,5	2	2,5	3	3,5	4
Morphosyntaxe (temps, structures, complexité des phrases)	0	0,5	1	1,5	2	2,5	3	3,5	4
Lexique précis et approprié	0	0,5	1	1,5	2	2,5	3	3,5	4

Fiche 37 — B2 : Production orale

Descripteurs évalués	MONOLOGUE SUIVI : argumenter **Peut développer méthodiquement une argumentation en mettant en évidence les points significatifs et les éléments pertinents.** **Peut développer une argumentation claire, en élargissant et confirmant ses points de vue par des arguments secondaires, des exemples pertinents.** **Peut enchaîner des arguments avec logique.** **Peut expliquer un point de vue sur un problème en donnant les avantages et les inconvénients d'options diverses.**
Fonctions discursives (actes de langage)	Présenter son point de vue. Argumenter.
Objectif à maîtriser	Être capable de défendre son point de vue en étayant son argumentation.
Public	Adolescents, adultes
Niveau taxonomique	Maîtrise, transfert, expression
Support	Un corpus de phrases polémiques
Domaine	Privé, public

Consigne

Choisissez un numéro entre 1 et 20. Ce numéro correspond à une affirmation polémique que va vous remettre l'examinateur. Lisez cette affirmation. À votre avis, est-elle vraie ou fausse ? Êtes-vous ou non d'accord ? Quels sont les avantages et les inconvénients que présente cette affirmation ? Réfléchissez 10 minutes aux arguments que vous allez développer, vous présenterez ensuite votre point de vue à l'examinateur et le défendrez devant lui.
(On autorisera un second choix si le premier ne plaît pas au candidat.)

1. Si tout le monde travaillait à mi-temps, il n'y aurait plus de chômeurs.
2. Personne n'a jamais appris correctement une langue vivante au lycée.
3. Se soigner par les plantes est plus efficace que prendre des médicaments chimiques.
4. Les jeunes sont l'avenir de l'humanité car ils sont plus intelligents que les vieux.
5. Les femmes conduisent mieux que les hommes.
6. Pour être heureux, il faut être riche.
7. La vie commence à quarante ans.
8. Il ne faut consommer que des fruits et des légumes cultivés sans produits chimiques.
9. Les adolescents d'aujourd'hui n'aiment plus la lecture.
10. Il vaut mieux être pauvre et en bonne santé que riche et malade.
11. Un sourd est plus heureux qu'un aveugle.
12. Tout ce qui est beau est cher.
13. L'homme ne détruit pas la nature, il l'aménage.
14. Il vaut mieux avoir du bon sens que de l'instruction.

15. Quand on dort, on perd son temps.
16. En voiture, si on roule prudemment, on n'a pas besoin de mettre sa ceinture de sécurité.
17. Il n'y a aucune explication possible aux phénomènes surnaturels.
18. Il n'est pas nécessaire d'avoir des diplômes pour réussir dans la vie.
19. Les familles d'aujourd'hui ne savent plus éduquer les enfants.
20. Régler le problème de la pollution, c'est l'affaire des gouvernements.

Grille d'évaluation et barème sur 20 points

Respect de la consigne : présentation d'un point de vue argumenté	0	1	2			
Compréhension du sujet présenté dans la phrase polémique	0	1	2			
Pertinence des arguments présentés	0	1	2	3	4	5
Présence des expressions propres à l'argumentation : *À mon avis, selon moi, il me semble que, je pense que, tout pourrait faire croire que, mais... je (ne) suis (pas) d'accord avec, d'après moi, d'après mon expérience*, etc.	0	1	2	3	4	5
Correction morphosyntaxique	0	1	2	3	4	
Correction phonétique, débit, fluidité	0	1	2			

Fiche 38 — B2 : Interaction orale

Descripteur évalué	**Peut communiquer avec un niveau d'aisance et de spontanéité tel qu'une interaction soutenue avec des locuteurs natifs soit tout à fait possible sans entraîner de tension de part et d'autre. Peut mettre en valeur la signification personnelle de faits et d'expériences, exposer ses opinions et les défendre avec pertinence en fournissant explications et arguments.**
Fonctions discursives (actes de langage)	• Interagir dans des rituels sociaux : s'excuser • Interagir à propos d'opinions ou de sentiments : exprimer son accord ou son désaccord ; protester ; rejeter une accusation
Objectif à maîtriser	Être capable de présenter des excuses et de se justifier lorsqu'on est pris brusquement à partie.
Public	Adolescents, adultes
Support	Un corpus de phrases
Domaine	Personnel

Cette activité peut être menée en situation d'apprentissage, entre un enseignant et un élève ou entre deux élèves ; en situation d'examen, entre un examinateur et un candidat ou entre deux candidats.

Consigne

Après avoir écouté ce que vous dit l'examinateur, vous devez vous impliquer dans votre réponse, d'abord en présentant vos excuses, puis en exprimant votre accord ou votre désaccord, en vous justifiant, éventuellement en protestant. Répondez spontanément, sans trop réfléchir.

Corpus de phrases

Consigne à l'examinateur : trouvez le ton juste (une apostrophe assez brusque). Ne laissez pas le silence s'installer, mais ne vous imposez pas, relancez le dialogue par de petites phrases courtes du style : « Je vois... » « Oui, et alors ?... », « Hum... », « Je ne vois pas ce que vous voulez dire... », « Ce n'est pas clair »,... Ce corpus peut être, ou non, enregistré.

1. Mais pourquoi n'êtes-vous pas venu hier soir ? Je vous ai attendu... Vous aviez promis de passer me voir.
2. Comment ? Qu'est-ce que c'est que cette histoire ? Vous n'avez pas l'argent ? Vous deviez me rembourser aujourd'hui sans faute !
3. Vous avez vu l'heure ? Quand on se présente à un entretien d'embauche, on arrive à l'heure. C'est un mauvais point pour vous.
4. C'est la troisième fois cette semaine que vous arrivez en retard, avec des excuses fantaisistes... Comment allez-vous m'expliquer ça cette fois-ci ?
5. Mais ce n'est pas vrai ! Tu as encore raté ton examen ? Je t'avais pourtant dit de faire un effort, mais je ne te vois jamais travailler.

6. Il est trois heures du matin... Tu peux m'expliquer d'où tu viens ?
7. Vous avez vu ma voiture ? Complètement cassée ! Mais enfin, à chaque fois que je vous la prête il vous arrive quelque chose, vous pouvez m'expliquer ce qui s'est passé ?
8. Vous devez de l'argent à la banque ? Comme tout le monde ! Moi aussi j'achète à crédit, mais je fais attention.
9. Désolé(e) de t'ennuyer, mais c'est la troisième fois que je te demande de me rapporter mon appareil photo, cette fois-ci c'est urgent, j'en ai absolument besoin pour ce soir, alors plus d'excuses...
10. On avait rendez-vous à 4 heures. Il est 6 heures, tu peux m'expliquer pourquoi tu es en retard ?

Grille d'évaluation et barème sur 20 points

Respect de la consigne	0	1	2				
Compréhension de la situation	0	1	2				
Pertinence des moyens linguistiques	0	1	2	3	4	5	6
Correction de la langue	0	1	2	3	4	5	
Phonétique, intonation, rythme	0	1	2	3	4	5	

Niveau C1

Caractéristique du niveau C1 : l'aisance.

Ce niveau est l'avant-dernier niveau de compétence en langue.

Il certifie que l'apprenant est capable de...

- En compréhension générale des écrits

Comprendre dans le détail des textes longs et complexes, qu'ils se rapportent ou non à son domaine, à condition de pouvoir relire les parties difficiles.

- En compréhension générale de l'oral

Suivre une intervention d'une certaine longueur sur des sujets abstraits ou complexes même hors de son domaine mais peut avoir besoin de faire confirmer quelques détails, notamment si l'accent n'est pas familier.
Reconnaître une gamme étendue d'expressions idiomatiques et de tournures courantes en relevant les changements de registre.
Suivre une intervention d'une certaine longueur même si elle n'est pas clairement structurée et même si les relations entre les idées sont seulement implicites et non explicitement indiquées.

- En production orale générale

Faire une présentation ou une description d'un sujet complexe en intégrant des arguments secondaires et en développant des points particuliers pour parvenir à une conclusion appropriée.

- En production écrite générale

Écrire des textes bien structurés sur des sujets complexes, en soulignant les points pertinents les plus saillants et en confirmant un point de vue de manière élaborée par l'intégration d'arguments secondaires, de justifications et d'exemples pertinents pour parvenir à une conclusion appropriée.

- En interaction orale

S'exprimer avec aisance et spontanéité, presque sans effort, avec une bonne maîtrise d'un vaste répertoire lexical lui permettant de surmonter facilement des lacunes par des périphrases avec apparemment peu de recherche d'expressions ou de stratégies d'évitement. Seul un sujet conceptuellement difficile est susceptible de gêner le flot naturel et fluide du discours.

Pour les 61 descripteurs détaillés de ces compétences, se reporter au *Cadre européen commun de référence*.

Types de supports d'activités qui peuvent être utilisés à ce niveau

Compréhension des écrits	• Tout type de textes • Tout type de correspondances • Tout type d'instructions
Compréhension de l'oral	• Tout type d'interventions • Conférences • Discussions, conversations • Débats • Entretiens, interviews • Instructions techniques • Tout type d'émissions de radio, télévision • Tout type de films, reportages, documentaires
Production d'écrits	• Rapports • Notes de service • Lettres administratives • Lettres personnelles • Textes libres • Articles • Synthèses, résumés, prises de notes • Tout type de texte sur tout type de sujets, abstraits et concrets
Production et interaction orales	• Tout type de discours, descriptif, narratif, argumentatif • Tout type d'annonce • Tout type d'exposé

Fiche 39 — C1 : Compréhension des écrits

Descripteur évalué	COMPRÉHENSION GÉNÉRALE DE L'ÉCRIT **Peut comprendre dans le détail des textes longs et complexes, qu'ils se rapportent ou non à son domaine, à condition de pouvoir relire les parties difficiles.**
Objectif à maîtriser	Être capable de reconstituer l'énoncé d'un problème dont les éléments sont présentés dans le désordre
Type de tâche	Ludique
Public	Adolescents, adultes
Niveau taxonomique	Transfert, application, analyse
Support	Corpus de problèmes logiques (D'après *Calcul pratique*, Hachette, 1983)

Consigne

Dans chacun des problèmes suivants, l'ordre des énoncés a été mélangé. Retrouvez cet ordre et inscrivez-le dans les cases. Vous avez 15 minutes.

Problème 1

a. Sachant cela, pouvez-vous donner le jour de la semaine qui correspond au 7 mars 2015 ?

b. Il y a un décalage d'un jour de la semaine, d'une année sur l'autre, pour les années normales et de deux jours si l'une des années est une année bissextile.

c. Les années bissextiles sont celles qui sont divisibles par 4.

d. Mais qu'est-ce qu'une année bissextile ?

e. Un exemple pour finir : si le 7 mars 2003 tombe un lundi, le 7 mars 2004 tombe un mercredi car le nombre 2004 est divisible par 4.

f. Ainsi, 2004 et 2008 sont bissextiles alors que 2015 ne l'est pas.

Problème 2

a. Mais si, par pure magie, il y en avait un, il représenterait tout l'or extrait dans le monde depuis le début des temps.

b. Suivant une publicité célèbre, « Tout l'or du monde tiendrait facilement sous la tour Eiffel ».

c. Sachant que pour calculer le volume d'un cube, on multiplie trois fois son côté par lui-même, quel est le volume du cube d'or pur qui pourrait tenir sous la tour Eiffel ?

d. Aux dernières nouvelles, il n'y a pas, sous la tour Eiffel, de cube d'or pur de 17 mètres de côté !

Problème 3

a. Si le premier reçoit la maison, combien devra-t-il donner au second pour rétablir l'égalité entre eux ?

b. La maison est estimée à 2 millions d'euros et la vigne à 80 % de la maison.

c. Deux frères doivent recevoir deux parts égales dans un héritage qui comprend une maison et une vigne.

	1	2	3	4	5	6
n° 1						
n° 2						
n° 3						

Corrigé sur 13 points (pour ramener la note sur 20 : note obtenue x 20/13)

	1	2	3	4	5	6
n° 1	b	d	c	f	e	a
n° 2	b	d	a	c		
n° 3	c	b	a			

Fiche 40 — C1 : Compréhension de l'oral

Descripteur évalué	COMPRÉHENSION GÉNÉRALE DE L'ORAL **Peut reconnaître une gamme étendue d'expressions idiomatiques et de tournures courantes en relevant les changements de registre.**
Type de tâche	Ludique
Public	Adolescents, adultes
Niveau taxonomique	Expression, analyse
Support	Un corpus de conversation comprenant des expressions idiomatiques
Domaine	Privé, public, éducationnel, professionnel

Consigne
Écoutez l'enregistrement et répondez aux questions.

Document à l'oral (à lire ou à enregistrer)
– Est-ce que tu as terminé ce dossier sur l'évolution du nombre de coccinelles au printemps en région parisienne ?
– Non, pas du tout, je n'en ai pas écrit le premier mot. Qu'est-ce que tu crois ? Avec tout le travail que j'ai en ce moment ! Je n'ai pas de poil dans la main, mais je ne peux pas faire plus vite que la musique. Si tu crois que c'est facile, tu te mets le doigt dans l'œil. Je ne suis pas sorti de la cuisse de Jupiter, je ne peux pas me creuser la tête en permanence. Regarde bien, tu verras que ce dossier arrive comme un cheveu sur la soupe !
– Oui, tu as fait mouche, mais si le patron découvre le pot aux roses, il va te passer un savon.
– Oh, ne t'inquiète pas ; s'il le faut, je lui mettrai les points sur les i, non mais !

1. « Avoir un poil dans la main » signifie :
– être fatigué ☐
– être paresseux ☐
– être découragé ☐

2. « Ne pas pouvoir faire plus vite que la musique » signifie :
– ne pas pouvoir aller vite ☐
– ne pas pouvoir se reposer ☐
– ne pas pouvoir chanter en rythme ☐

3. « Se mettre le doigt dans l'œil » signifie :
– Se faire mal ☐
– Se tromper ☐
– Pleurer ☐

4. « Être sorti de la cuisse de Jupiter » signifie :
– être très croyant ☐

– être très content de soi ☐
– être maladroit ☐

5. « Se creuser la tête » signifie :
– abandonner un projet ☐
– trouver une solution ☐
– chercher une solution ☐

6. « Arriver comme un cheveu sur la soupe » signifie :
– mal tomber ☐
– bien tomber ☐
– tomber à côté ☐

7. « Faire mouche » signifie :
– bien deviner ☐
– se tromper ☐
– mal deviner ☐

8. « Découvrir le pot aux roses » signifie :
– parler franchement ☐
– essuyer un échec ☐
– trouver la vérité ☐

9. « Se faire passer un savon » signifie :
– manquer de courage ☐
– se faire admonester ☐
– laver des affaires sales ☐

10. « Mettre les points sur les i » signifie :
– avoir un franc succès ☐
– éclaircir une situation ☐
– soigner sa ponctuation ☐

Grille d'évaluation et barème sur 10 points

1	être paresseux
2	ne pas pouvoir aller vite
3	se tromper
4	être très content de soi
5	chercher une solution
6	mal tomber
7	bien deviner
8	trouver la vérité
9	se faire admonester
10	éclaircir une situation

Fiche 41 — C1 : Production d'écrits

Descripteur évalué	ÉCRITURE CRÉATIVE **Peut écrire des textes descriptifs et de fiction clairs, détaillés, construits dans un style sûr, personnel et naturel approprié au lecteur visé.**
Type de tâche	Rédiger une description pour un article de journal
Public	Adolescents, adultes
Niveau taxonomique	Expression créative
Domaine	Éducationnel

Consigne

On vous a demandé d'écrire un article de 300 mots sur les enjeux de l'apprentissage des langues étrangères dans le cycle primaire (3 à 10 ans) du système scolaire de votre pays.

Vous tiendrez compte des avantages et des inconvénients de cet apprentissage et donnerez votre opinion en la justifiant.

Grille d'évaluation et barème sur 20 points

Respect de la consigne	0	0,5	1	1,5	2						
Respect du destinataire (registre en adéquation)	0	0,5	1	1,5	2						
Articulation et cohérence de la production (structuration, développement, articulateurs adéquats)	0	0,5	1	1,5	2	2,5	3	3,5	4	5	6
Morphosyntaxe (temps, structures, complexité des phrases, usage des relations logiques)	0	0,5	1	1,5	2	2,5	3	3,5	4	5	
Lexique varié, précis et approprié	0	0,5	1	1,5	2	2,5	3	3,5	4	5	

Fiche 42 C1 : Production orale en interaction

Descripteur évalué	ANNONCES PUBLIQUES **Peut faire une annonce avec aisance, presque sans effort, avec l'accent et l'intonation qui transmettent des nuances fines de sens.**
Fonctions discursives (actes de langage)	Introduire un thème et le développer, faire une digression, donner un exemple, rapporter des propos, citer, adresser un souhait à quelqu'un
Type de tâche	Prendre la parole en public
Public	Adolescents, adultes
Niveau taxonomique	Expression créative
Domaine	Privé, public

Consigne

Un/e de vos collègues part à la retraite (quitte l'établissement). Vous êtes chargé de lui faire un discours d'adieu, qui prend en compte :
– des anecdotes sur son séjour dans l'établissement
– des louanges sur son travail
– des exemples de ses activités
– des paroles qu'il/elle a un jour prononcées
– des souhaits de bonne continuation dans sa nouvelle situation.
L'humour est le bienvenu !

Grille d'évaluation et barème sur 20 points

Respect de la consigne	0	0,5	1						
Précision et cohérence du propos	0	0,5	1	1,5	2	2,5	3	3,5	4
Présence d'articulateurs adéquats	0	0,5	1	1,5	2	2,5	3		
Morphosyntaxe, utilisation de structures complexes	0	0,5	1	1,5	2	2,5	3	3,5	4
Lexique précis et adéquat	0	0,5	1	1,5	2	2,5	3	3,5	4
Aisance, fluidité, débit qui concourent à l'intelligibilité du propos	0	0,5	1	1,5	2	2,5	3	3,5	4

Niveau C2

Caractéristique du niveau C2 : l'aisance et la précision, dans tous les domaines.

Brian North[2] définit ce niveau comme étant celui que peut atteindre tout étudiant brillant. On ne le répétera jamais assez : ce niveau n'est pas celui d'un locuteur natif lettré.

Il certifie que la personne est capable de s'exprimer très correctement longuement, sans effort, avec des nuances de sens très fines. Parler la langue cible lui est pratiquement aussi naturel que parler sa langue maternelle.

- En compréhension générale des écrits…

Il/elle peut comprendre et interpréter de façon critique presque toute forme d'écrit, y compris des textes (littéraires ou non) abstraits et structurellement complexes ou très riches en expressions familières.
Il/elle peut comprendre une gamme étendue de textes longs et complexes en appréciant de subtiles distinctions de style et le sens implicite autant qu'explicite.

- En compréhension générale de l'oral…

Il/elle peut suivre une conférence ou un exposé spécialisé employant de nombreuses formes relâchées, des régionalismes ou une terminologie non familière. Peut comprendre tout locuteur natif, même sur des sujets spécialisés, abstraits ou complexes et hors de son domaine, à condition d'avoir l'occasion de s'habituer à une langue non standard ou à un accent.

- En production orale…

Il/elle peut produire un discours élaboré, limpide et fluide, avec une structure logique efficace qui aide le destinataire à remarquer les points importants et à s'en souvenir.
Il/elle peut présenter un sujet complexe, bien construit, avec assurance à un auditoire pour qui il n'est pas familier, en structurant et adaptant l'exposé avec souplesse pour répondre aux besoins de cet auditoire.
Il/elle peut gérer un questionnement difficile, voire hostile.
Il/elle peut revenir sur une difficulté et restructurer son propos de manière si habile que l'interlocuteur s'en rend à peine compte.

- En production écrite…

Il/elle a conscience de l'implicite et du sous-entendu dans ce qui est dit et peut le prendre en note aussi bien que le discours explicite du locuteur.
Il/elle peut écrire des textes élaborés, limpides et fluides, dans un style approprié et efficace, avec une structure logique qui aide le destinataire à remarquer les points importants.

2. Brian North, auteur des descripteurs du CECR.

Il/elle peut produire des rapports, des articles ou des essais complexes et qui posent une problématique ou donner une appréciation critique sur le manuscrit d'une œuvre littéraire de manière limpide et fluide.
Il/elle peut proposer un plan logique adapté et efficace qui aide le lecteur à retrouver les points importants.

- En interaction orale...

Il/elle possède une bonne maîtrise d'expressions idiomatiques et de tournures courantes, avec une conscience du sens connotatif. Il/elle peut exprimer avec précision des nuances fines de signification, en utilisant assez correctement une gamme étendue de modalités. Il/elle peut revenir sur une difficulté et la restructurer de manière si habile que l'interlocuteur s'en rend à peine compte.

Pour les 57 descripteurs détaillés de ces compétences, se reporter au *Cadre européen commun de référence*.

Types de supports d'activités qui peuvent être utilisés au niveau C2

Compréhension des écrits	• Tout type de textes • Tout type de correspondances • Tout type d'instructions
Compréhension de l'oral	• Tout type d'interventions • Conférences • Discussions, conversations • Débats • Entretiens, interviews • Instructions techniques • Tout type d'émissions de radio, télévision • Tout type de films, reportages, documentaires
Production d'écrits	• Rapports • Notes de service • Lettres administratives • Lettres personnelles • Textes libres • Articles • Synthèses, résumés, prises de notes • Tout type de textes sur tout type de sujets, abstraits et concrets
Production et interaction orales	• Tout type de discours, descriptif, narratif, argumentatif • Tout type d'annonces • Tout type d'exposés
Compréhension des écrits	• Tout type de textes • Tout type de correspondances • Tout type d'instructions

Fiche 43 — C2 : Compréhension des écrits

Descripteur évalué	COMPRÉHENSION GÉNÉRALE DE L'ÉCRIT **Peut comprendre et interpréter de façon critique presque toute forme d'écrit, y compris des textes (littéraires ou non) abstraits et structurellement complexes ou très riches en expressions familières.**
Type de tâche	Lecture fine et analytique
Public	Grands adolescents, adultes
Niveau taxonomique	Analyse, synthèse
Support	Un article de journal ou de magazine sur un sujet contemporain
Domaine	Public, éducationnel, professionnel

Consigne

Lisez le document puis répondez aux questions.

1 **Les mots s'étiolent quand ils cessent de courir sur les lèvres… quand on ne peut même plus jeter un regard sur eux parce qu'un lexicographe a décidé de les évacuer. Bon pour la casse nos vocables goûteux et colorés ! Bernard Pivot part en croisade pour tenter de sauver ces mots en déclin, désignés comme vieillis dans les dictionnaires.**

2 Qui s'arroge le droit de bouter un mot hors du dico ? Pourquoi commet-on ce crime de lèse-lexique ? Y a-t-il une vie hors de ces ouvrages de référence pour nos vocables répudiés ? Bref, l'histoire des mots serait-elle une histoire de maux ?

Dans *La Vie mode d'emploi*, déjà, Georges Perec mettait en scène un tueur chargé d'éliminer tous les mots et tous les sens tombés en désuétude afin de faire de la place aux nouveaux. Son sinistre personnage œuvrait chez Larousse !

Aujourd'hui, la réalité a rattrapé la fiction. Ne cherchez pas « peccamineux », « génitoires » ou « clampin » dans le *Petit Larousse* ou le *Petit Robert* : ils n'y sont plus.

3 « Peut-être, mais les mots qui sortent du *Petit Robert* sont conservés dans le *Grand Robert* », argue Marie-Hélène Drivaud, directrice éditoriale aux éditions Le Robert. Certes, mais les prix ne sont pas comparables. Le *Grand Robert de la langue française* en six volumes coûte 396,36 euros alors que le *Petit Robert* et le *Petit Larousse* coûtent respectivement 58 euros et 33,50 euros. Ce qui en fait les dictionnaires de référence du grand public, « nos deux dictionnaires populaires de langue », comme le souligne Bernard Pivot dans la Préface de son livre. Les chiffres parlent d'eux-mêmes. En 2003, ont été vendus 220 000 *Petit Robert* et près d'un million de *Petit Larousse*. Sans oublier le *Dictionnaire Hachette illustré* (15,90 euros) qui, bien que moins populaire que les deux autres, s'écoule tout de même à 300 000 exemplaires.

Autre signe qui ne trompe pas : ces dictionnaires se vendent très bien dans les grandes surfaces. Le *Petit Larousse* et le *Petit Robert* enregistrent respectivement 39,6 % et 35 % de leurs ventes dans celles-ci et 43 % et 65 % dans les petites et grandes librairies – FNAC comprises. Dès lors, la vie d'un mot qui sort de ces dictionnaires semble sérieusement menacée.

4 **Remaniements.** « Les pages d'un dictionnaire ne peuvent pas augmenter indéfiniment. La nomenclature du *Petit Larousse* doit impérativement tenir en un seul volume », plaide Yves Garnier, directeur du département Encyclopédies des éditions Larousse. « Nous avons horreur de faire disparaître des mots. Mais la vocation d'un dictionnaire est de refléter la langue à un moment donné. Or une langue vivante en bonne santé bouge, s'enrichit de mots et de sens nouveaux. L'augmentation du nombre de pages des dictionnaires correspond à l'évolution de notre société. Les centres d'intérêt privés et professionnels se diversifient. Il faut mettre le plus grand nombre de mots possibles à la disposition des utilisateurs. Nous jouons sur la mise en pages et nous supprimons parfois des illustrations pour que les entrées n'engendrent pas de sorties. »

Un remaniement de dictionnaire ferait donc moins de grabuge qu'un remaniement ministériel ! Examinons cela de plus près…

5 Des ouvrages comme le *Petit Larousse* et le *Petit Robert* font l'objet de deux types de réactualisation. La première est annuelle et concerne essentiellement l'ajout de vocables, d'expressions et de sens nouveaux (150 à 200). « Aucun mot n'a disparu dans l'édition 2004 du *Petit Larousse* », affirme Chantal Lambrechts, directrice du département Langue française de cette maison d'édition. « L'année précédente, nous avions fait sortir "indoor", un anglicisme tombé en désuétude, et "baguettisant", qui n'est plus du tout employé et qui désigne un sourcier. » Les exclusions se feraient donc au compte-gouttes ? Voire !

6 **Grand ménage.** Car, lors des refontes totales qui interviennent tous les dix à douze ans, les choses se gâtent. La nomenclature est mise à plat et totalement reconsidérée. Le grand ménage peut commencer. Il va durer trois ans. Près de mille mots se croisent : les uns en direction de l'entrée, les autres de la sortie. Lors de la refonte du *Petit Larousse* millésimé 1998, « arobase », « cybercafé », « multiculturalisme », « urgentiste » ont ainsi supplanté « absinthisme », « bolcheviste », « échauboulure », « hannetonner », « lauréole », « nivelette », « troubade » ou encore « zuchette ».

Des tueurs patentés ?

Ont-ils été envoyés de vie à trépas par un seul tueur patenté, comme le suggérait Perec ? La réalité est plus complexe ; le « verbicide » est collégial ! Ainsi, chez Larousse, le travail est réparti entre une dizaine de linguistes – dont trois sont exclusivement attachés au *Petit Larousse* – et vingt encyclopédistes. Les linguistes se consacrent à l'orthographe et à l'étymologie des mots ; ils recensent les expressions de langue courante qui les intègrent. Les encyclopédistes s'attachent, quant à eux, au signifié, c'est-à-dire à l'objet ou au concept que recouvre un vocable. Lors de ces gigantesques réactualisations, le vocabulaire général est séparé du vocabulaire technique qui est soumis à des spécialistes. Mathématiques, physique, chimie, danse, chanson, musique… quarante personnes issues de ces domaines d'activités signalent tant les obsolescences que les apparitions de termes ou de sens nouveaux. « Les sorties concernent majoritairement les terminologies scientifiques, techniques ou correspondant à des réalités disparues », souligne Chantal Lambrechts. « En 1998, lors de notre dernière refonte, nous avons ôté de la nomenclature les "eurofrancs" et les "billets Bige" qui n'existaient plus, ainsi que "anticasseur", la loi qui portait ce nom ayant été abrogée. »

Côté *Petit Robert*, douze lexicographes travaillent en permanence sur l'ouvrage. Contrairement à son cousin *Larousse* qui est un dictionnaire encyclopédique, le *Petit Robert* est uniquement consacré à la langue. Pas d'encyclopédistes donc, mais une équipe de lexicographes qui travaillent sur la datation et l'étymologie des mots. Autre différence : là où le *Larousse* illustre par l'exemple, le *Robert* éclaire par la citation littéraire. Marie-Hélène Drivaud assure que depuis la grande refonte de 1993 aucun mot n'est sorti des pages du *Petit Robert* mais reconnaît qu'il faut savoir s'arrêter : « Lorsqu'on a besoin de place, on peut faire sortir des mots très spécialisés comme "esponton" (demi-pique des bas officiers d'infanterie jusqu'à la Révolution), "captal" (chef militaire gascon du Moyen Âge) ou "philibeg" (sorte de jupon court des montagnards écossais) ! En revanche, nous faisons la part belle aux nuances de couleur. Bien que nombre d'entre elles ne soient plus utilisées – "garance", "glauque" – elles participent de la richesse de notre langue. De la même façon nous conservons des terminologies correspondant à de vieilles techniques car elles font partie de notre patrimoine culturel. » La lexicographe s'insurge aussi contre un certain snobisme français : « Il faut être objectif et ne pas s'accrocher à un mot de façon névrotique. Certains disparaissent tout simplement parce qu'ils sont mal commodes. Prenez les verbes "résoudre" et "émouvoir". Leur conjugaison est extrêmement difficile. Il ne faut pas s'étonner qu'apparaissent des remplaçants comme "solutionner" et "émotionner" ! C'est typiquement français de glorifier l'exception, de la trouver géniale. Eh bien, je suis désolée, l'exception est souvent casse-pieds. Attention ! À trop vouloir protéger la langue, on finit par l'appauvrir. »

7 Lorsqu'il faut trouver de la place, les idées ne manquent pas. Au *Robert* par exemple, on affirme exclure de préférence des « mots transparents », c'est-à-dire facilement compréhensibles par un locuteur francophone. Ainsi de « cache-corset », d'« essuie-plume » ou de « centibar » qui n'a pas résisté face à « millibar ». Quant aux « motocistes » (vendeurs de motocyclettes) et aux « photostoppeurs » (photographes qui accostent le client potentiel dans les lieux publics), ils ont rejoint dans les limbes les anglicismes en vogue au début du XXe siècle, tels que « Gallup » (sondage d'opinion) ou « matcher » (disputer un match). Cet état de fait corrobore l'idée assez répandue que le lexicographe ouvre ses pages aux nouveaux venus avec trop de complaisance et d'empressement. « Autrefois, il fallait attendre cent ans pour faire entrer un mot dans le dictionnaire, ce qui était ridicule, s'amuse Claude Duneton. Maintenant c'est le contraire : il suffit qu'un mot "fasse jeune" et qu'il passe à la télé pour atterrir dans le dico ! » [...]

8 **Légitimité.** En effet, les lexicographes s'accordent à définir le dictionnaire comme un reflet, une photographie de la langue à un moment précis de son histoire. Il n'est donc en aucun cas destiné à prescrire le bon usage. Pourtant, la majorité de ses utilisateurs le considère comme un ouvrage normatif : un mot qui n'est pas dans le dictionnaire n'est pas un mot sérieux, voire n'existe pas. Ainsi, en France, même s'il s'en défend, le lexicographe fait loi. Encore un coup

de l'exception française ? Peut-être, mais il faut composer avec elle. Ce qui fait peser une sacrée responsabilité sur les épaules du *Petit Robert* et du *Petit Larousse*.

9 Et si une autre solution résidait dans ces nouvelles technologies que l'on rend responsables de l'exclusion d'anciens mots ? Informaticien passionné par la langue française, Jean-Marie Pierrel lui consacre le plus monumental des dictionnaires. Son *Trésor de la langue française informatisé* (http://atilf.inalf.fr/tlfv3.htm) propose plus de 100 000 entrées et présente quelque 4 000 œuvres littéraires. Le tout court du XVe au XXe siècle. Destiné au grand public, ce dictionnaire en accès libre est la version informatisée du *Trésor de la langue française*, mis en chantier en 1957 par Paul Imbs et dont les seize tomes ont été publiés entre 1971 et 1994. Sur ce support qui ne craint pas le manque de place, les mots sont conservés bien au chaud. « Les aménagements apportés aux dictionnaires commerciaux sont tributaires des coûts de production », déclare Jean-Marie Pierrel. « On procède le plus souvent à des modifications dites "locales" : soit à l'intérieur d'une même page soit dans son voisinage immédiat. Le *Trésor de la langue française*, en revanche, peut conserver tous les mots. » Les disparus du *Petit Robert* et du *Petit Larousse*, « clampin », « peccamineux » et « génitoires » y jouissent donc – et sans jeu de mots ! – de tous les égards.

Yves Garnier et Marie-Hélène Drivaud semblent d'ailleurs assez troublés par la disparition du mot « clampin » qui pourrait faire – première victoire – une réapparition triomphale dans les prochaines éditions du *Petit Larousse* et du *Petit Robert*.

Ainsi, Bernard Pivot aurait déjà gagné un point.

A. Lorca et M. Gobin, *Lire*, Mars 2004.

1. Donnez un titre à l'extrait de cet ouvrage.

....

2. Synthétisez la problématique posée en trois phrases.

....

....

....

....

3. Retrouvez le plan suivi par l'auteur, en définissant en une phrase chacun des paragraphes.

§ 1 ....

§ 2 ....

§ 3 ....

§ 4 ....

§ 5 ....

§ 6 ....

§ 7 ....

§ 8 ....

§ 9 ....

4. Donnez un équivalent pour les mots ou les expressions suivants :

• s'étioler : ....

• bon pour la casse : ....

• bouter un mot hors du dico : ....

• des maux : ....

• un remaniement : ....

• tombé en désuétude : ....

• patenté : ....

• obsolescence : ....

• garance : ....

• casse-pieds : ....

• corroborer : ....

• prescrire : ....

Grille d'évaluation et barème sur 20 points

Question 1 : 1 point

Adéquation du titre	1/2 point
Correction morphosyntaxique et lexicale	1/2 point

Question 2 : 4 points

Problématique apparente et bien posée	0	0,5	1	1,5	2
Articulation et cohérence de la production (structuration, développement, articulateurs variés et adéquats)	0	0,5			
Morphosyntaxe (temps, structures, complexité des phrases)	0	0,5	1		
Lexique précis et approprié	0	0,5			

Question 3 : 9 points (1 point par définition correcte)

L'auteur constate que des mots disparaissent régulièrement des dictionnaires.	§ 1
Il s'interroge sur les causes de ces disparitions et sur la légitimité de ceux qui les font disparaître.	§ 2
Il compare les différents dictionnaires existants.	§ 3
Il examine les arguments des directeurs d'édition.	§ 4
Il définit les deux types de remaniement d'un dictionnaire.	§ 5
Il compare le travail des équipes chargées des remaniements.	§ 6
Il cite les raisons pour lesquelles un mot est ou non éliminé.	§ 7
Il donne la définition commune d'un dictionnaire.	§ 8
Il s'interroge sur une solution technique *via* l'informatisation.	§ 9

Question 4 : 6 point (1/2 point par équivalent correct)

s'étioler	faner, s'affaiblir, s'appauvrir, dépérir, disparaître
bon pour la casse	bon à jeter, à détruire
bouter un mot hors du dico	rejeter, refouler, faire sortir
des maux	abus, amertume, calamité, chagrin, cruauté, douleur, indignité, inquiétude, malheur, tristesse
un remaniement	changement, modification, réorganisation, révision
tombé en désuétude	obsolescence, vieillesse
patenté	attitré, officiel
obsolescence	vieillesse, désuétude
garance	rouge, pourpre
casse-pieds	agaçant, embêtant, ennuyeux, fâcheux
corroborer	confirmer, garantir, prouver, renforcer, vérifier
prescrire	administrer, décider, décréter, demander, édicter, enjoindre, exiger, fixer, imposer, ordonner, recommander, requérir, revendiquer, sommer, vouloir

Fiche 44 — C2 : Compréhension de l'oral

Descripteur évalué	COMPRENDRE EN TANT QU'AUDITEUR **Peut suivre une conférence ou un exposé spécialisé employant une terminologie non familière ou de nombreuses formes relâchées, des régionalismes.**
Type de tâche	Comprendre un entretien
Public	Adultes
Niveau taxonomique	Expression, analyse, synthèse
Support	Un entretien enregistré
Domaine	Public

Consigne

Écoutez l'enregistrement puis répondez aux questions. Vous pouvez prendre connaissances des questions avant l'écoute, de façon à savoir sur quoi axer votre attention.

Document oral (à lire ou à enregistrer)

« Bien dans nos langues », un entretien avec Bernard Cerquiglini. Délégué général à la langue française et aux langues de France, le professeur Bernard Cerquiglini, linguiste, part en croisade contre les idées tristes ou fausses qui circulent sur la langue française et sur les autres langues.

– Tout d'abord, pourquoi un organisme d'État consacré à la politique linguistique ? Il n'y en a pas dans tous les pays...

– En effet, on en rencontre surtout en Europe et dans les pays jeunes, mais c'est vraiment une spécialité française. [...] Ce qui change aujourd'hui, c'est que pour la première fois depuis que l'État s'est préoccupé de langage, un organisme tente de mener à la fois une politique en faveur de la langue nationale et en faveur des autres langues. Jusqu'alors, pour des raisons historiques regrettables, liées à la Terreur durant la Révolution, on a conçu les deux activités comme distinctes, voire opposées : diffusion du français aux dépens des autres langues, ou bien, plus rarement, faveur accordée à des langues régionales. [...] Aujourd'hui, il s'agit de penser les deux approches en même temps.

– Quel contenu entendez-vous donner à cette nouvelle politique ?

– Ce n'est pas simple, car nous avons hérité d'une tradition de monolinguisme. Le trépied fondateur est : la Langue, l'État, la Nation, les deux premiers termes étant constitués depuis toujours, le troisième les ayant rejoints pendant la Révolution, avec le grand développement de la République. Le réflexe du monolinguisme est donc bien enraciné : on considère que la langue française est unitaire, homogène, centrée sur une norme et que le reste est patois, langue autre, voire dangereuse pour la République. Il nous faut penser une politique complexe et fondée sur du savoir.

– *Quel savoir ?*
– Savoir, par exemple, que la plupart des sociétés sont plurilingues et que les langues n'y ont pas le même statut. Savoir que sous le nom de langues de France on trouve de nombreuses langues différentes, de nature, de statut, d'extension, de transmission. Il faut commencer par un examen objectif des différences entre ces langues. Certaines sont territoriales – l'alsacien, le breton, le basque...–, d'autres non, comme l'arabe dialectal, le berbère. Certaines ont des formes écrites (je pense à l'occitan qui fut la grande langue littéraire du Moyen Âge), d'autres n'ont pas de forme écrite unifiée, comme les créoles. Il s'agit de mener tout d'abord une étude scientifique du patrimoine linguistique français dans sa diversité, et de faire la politique culturelle que requiert cette diversité. Bien sûr, nous ne relâcherons pas nos efforts en faveur de la langue nationale pour veiller à son emploi officiel, aider à son développement et à sa diffusion internationale, mais cela ne doit pas se faire sur les ruines fumantes des autres langues. Et favoriser le dialogue de cette langue nationale avec les autres langues, c'est contribuer à l'enrichir. On est toujours plus intelligent quand on est bilingue ou plurilingue, car on sait que l'autre existe, qu'il y a d'autres représentations du monde.
– *Cette option est une sorte de révolution...*
Oui, d'où le côté délicat, dans la mesure où l'on risque d'être confronté d'une part à des gens qui tiennent au monolinguisme français, et d'autre part à ceux qui tiennent pour un monolinguisme régional, des Jacobins de la Gironde, en quelque sorte ! Or, il s'agit de refuser les deux et de dire que le cerveau humain, tout comme les sociétés humaines, est fait pour maîtriser beaucoup de langues. C'est la première fois qu'on prend en compte l'ensemble du patrimoine linguistique, sans léser aucun élément de ce patrimoine. Il ne s'agit pas de faire moins pour le français, on va faire mieux ! [...]
http://www.culture.gouv.fr/culture/dglf/entretien-BC.htm

1. Donnez un titre à cet entretien.

....

2. Quelle est l'originalité de l'objectif poursuivi par la Délégation générale à la langue française et aux langues de France ?

....

....

....

....

....

....

3. Peut-on dire que les Français se considèrent comme plurilingues ? Justifiez votre réponse.

....

....

....

....

....

....

4. Peut-on dire que la France est plurilingue ? Justifiez votre réponse.

....

....

....

....

....

....

5. Quelle est la différence de statut entre l'alsacien, le breton, le basque et l'arabe dialectal, le berbère ?

....

....

....

6. Quelle est la différence entre l'occitan et les créoles ?

....

....

....

7. Quel est l'argument final donné par Bernard Cerquiglini pour justifier le fait que tout le monde peut maîtriser plusieurs langues ?

....

....

....

Grille d'évaluation et barème sur 20 points

Question 1 : 2 points

Adéquation du titre	1 point
Correction morphosyntaxique et lexicale	1 point

Question 2 : 2 points
La DGLF ne défend pas seulement la langue française mais toutes les langues. Elle mène une politique en faveur du plurilinguisme.

Question 3 : 5 points

Réponse adéquate	0	0,5	1	1,5	2
Justification adéquate : présence des informations données dans le document Articulation et cohérence de la production (structuration, développement, articulateurs variés et adéquats)	0	0,5			
Articulation et cohérence de la production	0	0,5	1		
Morphosyntaxe (temps, structures, complexité des phrases)	0	0,5	1		
Lexique précis et approprié	0	0,5			

Question 4 : 5 points

Réponse adéquate	0	0,5	1	1,5	2
Justification adéquate : présence des informations données dans le document Articulation et cohérence de la production (structuration, développement, articulateurs variés et adéquats)	0	0,5			
Articulation et cohérence de la production	0	0,5	1		
Morphosyntaxe (temps, structures, complexité des phrases)	0	0,5	1		
Lexique précis et approprié	0	0,5			

Question 5 : 2 points
L'alsacien, le breton, le basque sont des langues « territoriales », parlées sur un territoire bien défini. L'arabe dialectal et le berbère sont parlés sur tout le territoire.

Question 6 : 2 points
L'occitan a une forme écrite, les créoles, non.

Question 7 : 2 points
« Le cerveau humain, tout comme les sociétés humaines, est fait pour maîtriser beaucoup de langues. »

Fiche 45 — C2 : Production d'écrits

Descripteur évalué	ESSAIS ET RAPPORTS **Peut produire des rapports, articles ou essais complexes et qui posent une problématique, ou donner une appréciation critique.**
Fonctions discursives (actes de langage)	Introduire un thème, un sujet, le développer, souligner, mettre en évidence, donner un exemple ou une citation, conclure son propos.
Type de tâche	Professionnelle
Public	Adultes
Niveau taxonomique	Expression créative
Domaine	Professionnel

Consigne

Vous écrivez un rapport pour un hebdomadaire national sur la situation du plurilinguisme ou du monolinguisme dans votre pays. Vous prendrez en compte :

– les raisons objectives qui font que votre pays est plurilingue ou monolingue ;

– les régions concernées ;

– les avantages et les inconvénients de cette situation ;

– la représentation que les gens s'en font.

Votre rapport comportera environ 500 mots.

Grille d'évaluation et barème sur 20 points

Respect de la consigne	0	0,5	1	1,5	**2**					
Respect du destinataire (registre en adéquation)	0	0,5	1	1,5	**2**					
Problématique apparente et bien posée	0	0,5	1	1,5	**2**					
Articulation et cohérence de la production (structuration, développement, articulateurs variés et adéquats)	0	0,5	1	1,5	2	2,5	3	4	5	**6**
Morphosyntaxe (temps, structures, complexité des phrases)	0	0,5	1	1,5	2	2,5	3	3,5	**4**	
Lexique précis et approprié	0	0,5	1	1,5	2	2,5	3	3,5	**4**	

Fiche 46 C2 : Production orale en interaction, d'après des documents écrits et oraux à synthétiser

Descripteur évalué	DISCUSSIONS ET RÉUNIONS FORMELLES **Peut défendre sa position dans une discussion formelle sur des questions complexes et monter une argumentation nette et convaincante.** **Peut écrire des textes clairs et détaillés sur une gamme étendue de sujets relatifs à son domaine d'intérêt en faisant la synthèse et l'évaluation d'informations et d'arguments empruntés à des sources diverses (B2)** INTERVIEWER ET ÊTRE INTERVIEWÉ (l'entretien) **Peut tenir sa part du dialogue extrêmement bien, en structurant le discours et en échangeant avec autorité et une complète aisance.** COMPRÉHENSION GÉNÉRALE DE L'ÉCRIT **Peut comprendre une gamme étendue de textes longs et complexes en appréciant de subtiles distinctions de style et le sens implicite autant qu'explicite.**
Fonctions discursives (actes de langage)	Introduire un thème, un sujet et le développer. Souligner, mettre en évidence. Donner un exemple. Conclure son propos.
Type de tâche	Faire un exposé synthétique, en donnant et justifiant ses opinions
Public	Adultes
Niveau taxonomique	Expression créative
Support	Divers documents oraux et écrits se rapportant au même sujet
Domaine	Public, éducationnel ou professionnel

Consigne

Après avoir lu et écouté les textes proposés dans les fiches 35, 43 et 44, faites-vous votre propre opinion et présentez-la devant votre examinateur. Vous justifierez chaque opinion présentée et répondrez aux questions qu'il vous posera.

Grille d'évaluation et barème sur 20 points

Performance globale	0	0,5	1	1,5	2	2,5	3		
Pertinence et cohérence du propos (clarté de l'exposé, illustration par des exemples bien choisis)	0	0,5	1	1,5	2	2,5	3		
Adaptation à l'auditoire	0	0,5	1	1,5	2				
Morphosyntaxe, utilisation de structures complexes	0	0,5	1	1,5	2	2,5	3	3,5	4
Lexique précis et adéquat	0	0,5	1	1,5	2	2,5	3	3,5	4
Spontanéité et aisance dans l'expression, pertinence de l'extralinguistique	0	0,5	1	1,5	2	2,5	3		
Correction phonétique	0	0,5	1						

Lexique commenté, définitions

Certaines définitions sont reprises de trois ouvrages essentiels pour qui s'intéresse à l'évaluation.

- Gilbert de Landsheere, *Dictionnaire de l'évaluation et de la recherche en éducation*, éditions Presses universitaires de France, 2e édition, 1992.
- *Glossaire de l'évaluation de ALTE*, version française, Cambridge, 1990.
- *Pédagogie, dictionnaire des concepts clés*

Les définitions sont alors suivies de (DERE) pour le premier ouvrage, du sigle (ALTE) pour le second et de (PDCC) pour le troisième.

Analyse par objectifs

Dérivée de la pédagogie par objectifs (PPO), née aux États-Unis et connue en France dès les années 1950, elle a pour cadre d'une part la psychologie expérimentale et le behaviorisme, et d'autre part le taylorisme et les théories liées au management (rationalisation et amélioration de la production). Appliquée à l'éducation par Rice (1914), elle introduit la mesure des connaissances par les tests et l'observation des élèves. La PPO est le précurseur de l'approche systémique où la formulation d'objectifs permet d'optimiser l'enseignement, donc l'apprentissage, dans tous les domaines. Elle consiste à décomposer un objet d'apprentissage complexe en différents éléments simples afin d'en faciliter l'enseignement.

Appariement

Item de test invitant le sujet à assortir chacun des termes d'une liste et un terme qui se trouve dans une autre liste (DERE).

Apprenant

Individu en situation d'apprentissage individuel, hors système scolaire.

Approche actionnelle

Considère qu'un apprenant agit, accomplit des actions dans la langue cible, en réalisant des tâches langagières et communicatives.

Approche communicative

Vers le début des années 1970, en réaction contre la méthodologie audio-orale et la première génération des méthodes audiovisuelles, on voit émerger une méthodologie de la communication, appelée par la suite « approche communicative ». L'analyse des besoins des apprenants détermine le contenu du cours. Les compétences à acquérir en fonction de ces besoins sont répertoriées puis travaillées en situation, en prenant en compte tous les aspects qui y sont liés :

linguistiques, extralinguistiques, contextuels. On cherche à faire acquérir une compétence linguistique à travers le communicatif et on met l'accent sur la centration de l'enseignement sur l'apprenant : celui-ci est responsable de son apprentissage.

Approche fonctionnelle

Partant des mêmes présupposés que l'approche communicative, elle cherche à connaître les notions et les fonctions langagières qui seront les plus nécessaires aux apprenants.

Banque d'épreuves

Collation de sujets d'examen, calibrés, étalonnés et standardisés (voir banque d'items).

Banque d'items

Collection d'items de tests classés selon les mêmes principes, en fonction des objectifs, des contenus et des caractéristiques psychométriques (difficulté, fidélité, validité, etc.). Idéalement, tous les items devraient être calibrés selon une même échelle (voir Calibrage), ce qui rendrait comparables les scores de tous les tests construits à partir de la banque, au moins pour un domaine donné et un type donné (pronostique, diagnostique).
Choppin propose que le terme « banque d'items » soit réservé à un ensemble conforme aux caractéristiques qui viennent d'être mentionnées. Une simple collection d'items, ne présentant pas ces caractéristiques, serait appelée « pool d'items » (DERE).

Barème de correction

Grille de notation établie avant l'évaluation et indiquant quelle valeur accorder à chaque critère (pondération).

Biais

Erreur dans la mesure de la réponse. Le biais peut être culturel (des populations venant de différents contextes culturels répondront différemment à la question), socioculturel, cognitif.

Calibrage

Méthode d'étalonnage d'un test consistant à mettre la distribution de ses scores standardisés en correspondance avec les normes d'un test déjà bien étalonné (DERE).

Capacité (synonyme : savoir-faire)

Pouvoir d'accomplir un acte, de produire un comportement ou un ensemble de comportements adéquats dans une situation donnée (DERE).
Synonyme : savoir-faire. Capacité intellectuelle ou pouvoir d'accomplir un acte, de produire un comportement (ALTE).

Capacité langagière

Ensemble de compétences qui définit la capacité d'un individu à utiliser la langue dans des buts communicatifs variés (ALTE).

Certificat

Acte attestant de la réussite à un examen.

Compétence

Ensemble des connaissances, des capacités et des stratégies qui peuvent être mises en œuvre pour communiquer (ALTE).
Aptitude reconnue à pouvoir (savoir-faire) produire telle ou telle conduite. En linguistique, le terme se réfère à une capacité sous-jacente opposée à la performance, qui est la manifestation langagière de la compétence. Cette distinction est apparue dans les travaux de Chomsky (PDCC).
Ensemble des comportements potentiels (affectifs, cognitifs et psychomoteurs) qui permettent à un individu d'exercer efficacement une activité généralement considérée comme complexe. Elle englobe des savoirs, des savoir-faire et des savoir-être.

Compétence linguistique

Capacité d'émettre des phrases en accord avec les règles d'une langue et de discerner les phrases bien ou mal formées dans cette langue (DERE).

Compétence partielle

Il faut entendre, non pas la maîtrise partielle de l'une des compétences langagières, mais bien le niveau de maîtrise de l'une ou l'autre des compétences : réception ou production, orale ou écrite.

Contamination des évaluations

(voir p. 13 de cet ouvrage, « L'effet de halo »)

Critère

Caractère ou propriété d'après lequel/laquelle on porte une mesure ou une appréciation sur une performance.

Curriculum

Vient de l'anglais. Ensemble d'actions planifiées pour susciter l'instruction : il comprend la définition des objectifs de l'enseignement, les contenus, les méthodes, y compris l'évaluation (DERE).
On voit que le concept de curriculum est différent de celui de programme, qui ne s'intéresse qu'aux contenus.

Diplôme

Acte qui confère et atteste un grade (par exemple, bachelier).

Docimologie

Science des examens.

Élève

Individu en situation d'apprentissage dans une classe.

Évaluation critériée

Utilise exclusivement des critères pour étayer la note décernée. L'évaluation est critériée lorsqu'elle ne compare pas les élèves entre eux, mais qu'elle détermine, par la référence à des critères, si l'élève est capable de passer à d'autres apprentissages.

Évaluation formative

S'opère pendant la formation et sert à donner de l'information sur l'état des performances et sur la réussite de l'enseignement.

Évaluation normative

Applique à l'évaluation les règles de la norme. Dans ce mode d'évaluation, les résultats de l'élève sont comparés à ceux d'autres élèves du même groupe.

Évaluation sommative

S'opère en fin de formation et a pour fonction essentielle le classement des élèves les uns par rapport aux autres. Elle évalue un ensemble de paramètres désignés dans le programme d'enseignement.

Exercices structuraux

Approche comportementale : l'exercice fait appel à la mémoire, selon un processus de stimulus-réponse qui demande une substitution ou une transformation mécanique de l'énoncé original.

Fiabilité

« Mot parfois utilisé improprement pour désigner la fidélité. [...] Alors que la fidélité désigne principalement la qualité constante d'une mesure (lors de l'utilisation d'un instrument), le mot fiabilité insiste plutôt sur la qualité de l'instrument qui en assure son fonctionnement constant » (DERE).

Fidélité

Qualité du test qui fait que, quelles que soient les conditions de correction, les résultats seront constants.

Indicateur d'acquisition

Élément significatif, repérable dans un ensemble de données, permettant d'évaluer une situation, un processus, un produit... Un indicateur est en principe toujours référé à un critère. Utiliser un ou plusieurs indicateurs, c'est instrumenter une observation (PDCC).

Tout phénomène témoignant de l'existence d'un autre. On recherche généralement des indicateurs spécifiques et aisément mesurables (DERE).

Interlangue

Selon la définition de Robert Galisson : « Le concept-valise d'interlangue recouvre toutes les étapes [les états intermédiaires] qui permettent à un apprenant de passer d'un état initial de langue étrangère – proche de sa langue maternelle – à un état final de cette même langue – état voisin de la langue d'un natif. »

Performance

Production observable.

Savoirs

Ensemble des connaissances et des compétences acquises par l'apprenant.

Savoir-dire

Transfert entre le savoir et le savoir-faire.

Savoir-être

Se rapporte aux taxonomies des domaines affectifs et psychomoteurs (voir les taxonomies de Burns, Hainaut, Harrow, Krathwohl, Senipson, Valette).

Savoir-faire

Se rapporte aux taxonomies du domaine cognitif (Bloom, Burns, Cazden, Foley, Gagné, Guilford, Klopfer, Moore et Kennedy, Palkiewicz, Piaget, Valette).

Stratégie

Tout agencement organisé d'opérations choisies par une personne pour accomplir une tâche langagière.

Table de spécification

Ensemble des caractéristiques définissant un examen ou un test : plan du test, nombre et type de questions, durée, méthode de correction (DERE).
Ensemble détaillé de la documentation élaborée pendant la conception d'un test nouveau. Les spécifications donnent les détails du projet, du contenu, du niveau, de la tâche et du type d'items utilisés, de la population cible, de l'usage du test, etc. Des spécimens de matériel y sont souvent joints (ALTE).
La table de spécification concrétise et fait visualiser, de façon non linéaire, les divers paramètres entrant dans l'acquisition d'une compétence. En abscisse, les capacités à faire travailler pour atteindre la maîtrise de la compétence, en ordonnées les contenus formels, stratégiques ou communicatifs qui y sont liés. Au centre, les indicateurs d'acquisition (Ch. Tagliante, « Évaluation et certifications », *Le français dans le monde*).

Tâche

Problème langagier à résoudre.

Test

Le mot « test », apparu en 1895, désigne une épreuve de mesure, de vérification. Pichot[1] le définit ainsi : « Situation standardisée servant de stimulus à un comportement qui est évalué par la comparaison avec celui d'individus placés dans la même situation, afin de classer le sujet, soit quantitativement, soit typologiquement. » Gilbert de Landsheere[2] ajoute : « Pour mériter le nom de test, un examen doit être standardisé, fidèle, valide et étalonné. »

Validité

Un outil d'évaluation est valide s'il mesure effectivement l'objectif qu'il prétend mesurer. L'étude de la validité fait apparaître la congruence de chacun des items avec l'objectif mesuré et la représentativité de l'ensemble des items par rapport aux objectifs de l'apprentissage (PDCC).

1. in *Dictionnaire de l'évaluation et de la recherche en éducation*, p. 295 (*cf.* Bibliographie).
2. *Id.*

Bibliographie, sitographie

Bibliographie

Abernot, Yvan, *Les Méthodes d'évaluation scolaire,* Paris, Bordas, 1988.

Barlow, Michel, *Formuler et évaluer ses objectifs en formation,* Chroniques sociales de Lyon, 1989.
–, *L'Évaluation scolaire, décoder son langage,* Chroniques sociales de Lyon, 1992.

Bolton, Sybille, *Évaluation de la compétence communicative en langue étrangère,* Paris, Crédif-Hatier, coll. « LAL », 1987.

Bonniol, J.-J., « La fidélité en question, objet d'étude docimologique », *Connexions,* 19, 3-78, 1976.

Conseil de l'Europe, *Cadre européen commun de référence pour les langues : apprendre, enseigner, évaluer*, Paris, Didier, 2001.
–, *Guide pour les utilisateurs.*
–, *Évaluation de compétences en langues et conception de tests.*

Conseil de l'Europe, Division des politiques linguistiques, Strasbourg, *Référentiels pour les langues nationales et régionales*, niveau B2 pour le français, textes et références, Paris, Didier, 2004.

Delorme, Charles (sous la direction de), *L'Évaluation en questions,* CEPEC, Paris ESF éditeur, 1987.

Doyon Cyril, Juneau Raynald, *Faire participer l'élève à l'évaluation de ses apprentissages,* Chroniques sociales de Lyon, 1996.

Figari, Gérard, *Évaluer : quel référentiel ?,* Bruxelles, de Boeck, coll. « Pédagogies en développement, méthodologie de la recherche », 1994.

Gaonac'h, D., *Théories d'apprentissage et acquisition d'une langue étrangère*, Paris, Crédif-Hatier, coll. « LAL », 1987.

Hadji, Charles, *L'Évaluation : règles du jeu, des inventions aux outils*, Paris, ESF éditeur, 1989.

Hameline, Daniel, *Les Objectifs pédagogiques en formation initiale et en formation continue,* Paris, ESF éditeur, 8e édition, 1990.

Landsheere (de), Gilbert, *Définir les objectifs de l'apprentissage*, Paris, PUF, 1984.
–, *Dictionnaire de l'évaluation et de la recherche en éducation,* Paris, PUF, 1979.

LAUGIER, H., WEINBERG, D., *Recherche sur la solidarité et l'interdépendance des aptitudes intellectuelles d'après les notes des examens écrits du baccalauréat*, Paris, Chantenay, 1938.

LUSSIER, Denise, TURNER, Carolyn E., *Le Point sur l'évaluation en didactique des langues*, Centre éducatif et culturel / Anjou / Québec / Canada, 1995.
–, *Évaluer les apprentissages dans une approche communicative*, Paris, Hachette, 1992.

MAGER, Robert, F., *Comment définir les objectifs pédagogiques*, Paris, Bordas, 1977.
–, *Comment mesurer les résultats de l'apprentissage ?*, Paris, Bordas, 1986.

NUNZIATI, G., « Pour construire un dispositif d'évaluation formatrice », *Cahiers pédagogiques*, n° 280, 1990.

PERETTI (DE), André, *Encyclopédie de l'évaluation en formation et en éducation*, Paris, ESF éditeur, 1998.
–, *Organiser des formations*, Paris, Hachette, coll. « Hachette éducation », 1991.
–, *Recueil d'instruments et de processus d'évaluation formative*, tomes 1 et 2, Paris, INRP, 1981.

PERRENOUD, Philippe, « Touche pas à mon évaluation. Pour une approche systématique du changement pédagogique », *in L'Évaluation des élèves. De la fabrication de l'excellence à la régulation des apprentissages*, Bruxelles, de Boeck, 1998, chap. 9, p. 169-186.

PIERON, Henri, *Examens et docimologie*, Paris, PUF, 1963.

PIQUE, Brigitte, *L'Évaluation participative de la formation*, Chroniques sociales de Lyon, 1990.

POCZTAR, Jerry, *Définition des objectifs pédagogiques : bases, composantes et références de ces techniques*, Paris, ESF éditeur, 1979.

PORCHER, Bernard, *Du référentiel à l'évaluation*, Paris, Foucher, 1992.

ROUX, Pierre-Yves, *120 fiches d'évaluation en classe de FLE*, Paris, Didier, 1998.

SAUX, Jacques, *La Visite à l'enseignant en formation*, CNDP, CRDP de Reims, 1985.

SCALLON, Gérard, *L'Évaluation formative des apprentissages, l'instrumentation*, Québec, Les Presses de l'université de Laval, 1988.

TAGLIANTE, Christine, *La Classe de langue*, Paris, CLE International, coll. « Techniques et pratiques de classe », 1994.
–, *Tests de niveau*, Paris, CLE International, coll. « Ressources de classe, matériel d'évaluation photocopiable », 1998.

VIALET, François et MAISONNEUVE, Paul, *80 fiches d'évaluation pour la formation et l'enseignement*, Paris, Éditions d'Organisation, 1981.

VOGLER, Jean (coordonné par), *L'Évaluation*, Paris, Hachette, coll. « Hachette éducation », 1996.

Sitographie sélective

http://coe
Il faut y chercher la page de la Division des politiques linguistiques. On y trouve:
– le texte intégral du *Cadre européen commun de référence pour les langues : apprendre, enseigner, évaluer*;
– le manuel permettant de relier les examens de langue aux six niveaux du *Cadre*;
– la liste des Portfolios existants et certains d'entre eux en téléchargement.

http://www.alte.org
Site de l'association des organismes certificateurs en Europe (Association of Language Testers in Europe)

http://www.ciep.fr
On y trouve entre autres deux rubriques:
– DELF/DALF
– TCF

http://www.primlangues.fr

http://recherche.aix-mrs.iufm.fr/publ/voc/n1/amigues4/

La notation des copies en situation d'examen et de classe, René Amigues

Annexes

1. Éloge du savoir-vivre… et pour tordre le cou au savoir-être

L'enseignement des langues est désormais orienté vers la communication. Il ne s'agit plus d'apprendre des langues pour connaître leur grammaire, ni seulement pour découvrir leur littérature, mais pour échanger avec ceux qui les parlent.

Cet échange avec l'autre est évidemment réciproque : il permet de donner, de recevoir et de partager, non seulement pour se connaître, mais pour agir ensemble. Pour qu'il y ait échange, connaissance et reconnaissance réciproques, partage et coopération, les connaissances ne suffisent pas, des savoir-faire sont nécessaires, ainsi qu'une ouverture de la personnalité, qui ne se réduit pas à de simples comportements codés mais qui concerne la personne et touche à la conscience du sujet. La communication est interpersonnelle, intersubjective et interculturelle.

Les conditions préalables d'une communication réussie sont donc de trois ordres : les connaissances, ou savoirs ; les compétences qui permettent de les mettre en œuvre – que l'on peut appeler des savoir-faire ; enfin une manière d'être soi-même avec l'autre, que l'on a parfois tenté d'identifier comme un « savoir-être ».

Les études théoriques sur la compétence de communication et les capacités qui permettent de la décrire, voire de la mesurer, sont nombreuses. On a pu ainsi distinguer les composantes qui la constituent : composantes linguistique, discursive, stratégique, socioculturelle par exemple, ou encore étalonner, sous forme d'échelles et de niveaux de performances attendues, ces composantes de la compétence pour en mesurer la maîtrise chez un apprenant dans une situation concrète, réelle ou simulée de communication.

Ce qui a trait, en revanche, à la personne et à la subjectivité, reste flou et ne semble pas mesurable, même dans une perspective instrumentale ou fonctionnelle. Cela est dû pour une large part à l'impasse à laquelle aboutit le slogan ternaire « Savoir, savoir-faire, savoir-être » si souvent utilisé en France en dynamique des groupes et dans la formation des enseignants. […]

Si la comptine des trois savoirs mène à l'absurde, c'est parce qu'on a oublié que d'autres thérapies, telles que la psychanalyse – nous nous référons à la cure et non aux théorisations –, n'ont pas une telle outrecuidance : en aidant un sujet à restaurer une conscience de soi acceptable à ses propres yeux, l'analyse ne vise pas à lui offrir un don d'« être » surnaturel, mais plus simplement à l'aider à vivre.

Ces considérations nous amènent à proposer une réflexion sur le « savoir-vivre » qui nous semble plus prometteuse pour la communication interculturelle.

En effet, la vieille notion de savoir-vivre peut être objectivée et définie : le savoir-vivre n'est jamais absolu et concerne toujours le savoir-vivre avec autrui et en société dans une communauté plus ou moins vaste.

D'autre part le savoir-vivre, comme la socialisation, peut s'apprendre et donc, dans une certaine mesure, s'enseigner.

Enfin, on peut envisager d'évaluer le savoir-vivre.

De même que le « sens commun » et le « langage ordinaire » qu'ont redécouvert avec profit les sciences humaines et la philosophie du XXe siècle, le « savoir-vivre » est un concept ancien qu'il convient d'expliciter avant de prospecter son utilisation à des fins d'éducation.

On peut cependant se demander s'il y a lieu de mettre sur le même plan un concept apparemment démodé, tel que le « savoir-vivre », qui évoque plutôt le registre de la politesse et des bonnes manières, avec celui du « bon sens » ou encore de « sens commun », qui gardent une vigueur philosophique forte dans la problématique du jugement.

La différence entre le « sens commun », le « bon sens » et le « savoir-vivre » est que les deux premiers concepts, théorisés de Descartes et Shaftesbury à Kant (*Critique de la faculté de juger* et *Critique de la raison pratique*), ont une ambition universaliste alors que le « savoir-vivre » se réfère nécessairement et toujours à un milieu particulier où l'on considère qu'il faut savoir apprendre à se comporter pour y être accepté, en respectant des règles et des conventions qui ne sont pas celles du milieu d'où l'on vient.

Ces conventions ne sont ni naturelles ni universelles, mais peuvent et doivent s'acquérir non seulement dans une visée intégrative mais même parfois dans une perspective instrumentaliste : mobilité, expatriation, travail dans des groupes multinationaux.

Ces conventions touchent pour la plupart à la vie quotidienne, même si leur description a pu porter, surtout au XVIe siècle, sur des groupes sociaux élitistes particuliers érigés en modèles (Castiglione, Gracian, Della Casa) tels que la société de cours, ou encore se rigidifier dans des codes de « bonnes manières » de la bourgeoisie du XIXe siècle.

Savoir se comporter implique à la fois des connaissances, des attitudes et des comportements :

– des connaissances : il faut savoir qu'on n'entre pas sans se déchausser dans une maison arabe ou japonaise, ni dans un restaurant coréen traditionnel ;

– des attitudes : il ne suffit pas de le savoir, il faut avoir une ouverture d'esprit suffisante pour être disposé à le faire ;

– des comportements : il faut le faire réellement, le problème n'étant pas de savoir enlever ses souliers, ce qu'on apprend dans la petite enfance, mais d'apprendre à les ôter dans certaines circonstances sans qu'il soit nécessaire qu'on vous le fasse remarquer.

Le savoir-vivre à l'étranger est fait de ces choses-là : il ne s'agit pas de l'« être » mais d'une compétence à acquérir qui relève du « paraître » comme le prouve le fait qu'un espion habile peut la maîtriser.

Cette notion de savoir-vivre à l'étranger est confirmée par ses contre-exemples, que l'on n'a pas besoin d'aller chercher très loin. C'est à propos des voisins frontaliers qu'on dit dans le langage ordinaire : « ils ne savent pas vivre », quand, dans la vie quotidienne, ils se comportent différemment de nous, à table, au bureau, à l'école, entre garçons et filles, au téléphone, en traversant la rue.

L'avantage de remplacer la notion creuse de « savoir-être » par « savoir-vivre » est que ce terme ancien recouvre un ensemble de faits sociaux et anthropologiques qui font l'originalité d'une culture et qui, autrement, risquent d'être éparpillés dans des catégories différentes telles que la compétence sociolinguistique, la compétence socioculturelle et la compétence interculturelle.

Il donne également un cadre plus vaste et plus cohérent aux entrées anglo-américaines également dispersées ou réductrices cataloguées comme « attitudes » ou « comportements ».

Francis Debyser, *Le français dans le monde*, n° 282, juillet 1996.

2. Critères pour noter la dictée

BREVET

Critères et barèmes arrêtés par la commission de correction chargée d'harmoniser les pratiques d'évaluation des copies de français.

DICTÉE (note sur 4 / 5 / 6)

– pour un mot oublié ou rajouté : –1
– pour une faute de grammaire : –1
– pour une faute d'usage : –0,5
– pour la cédille oubliée ou rajoutée : –0,5
– pour les accents / les majuscules / la ponctuation à partir de 4 fautes : –0,5
– pour une faute phonétique débouchant sur une faute de grammaire : –1
– pour une faute phonétique débouchant sur une faute d'usage : –0,5
– pour un nombre écrit en chiffres : –0,5

La dictée est notée sur 10 ; la note obtenue étant à convertir ensuite en fonction des barèmes respectifs de la dictée et de l'exercice de réécriture communiqués avec le sujet → par exemple : si l'exercice de réécriture est noté sur 5, la dictée sera notée sur 5 aussi et la conversion se fera dès lors en divisant la note initiale (sur 10) par 2.

NB : une *même faute de grammaire* n'est comptée qu'une seule fois si elle est répétée plusieurs fois dans le cadre d'une phrase. Une *même faute d'usage* n'est comptée qu'une seule fois si elle est répétée plusieurs fois dans le cadre du texte.

Académie de La Réunion, *Recommandations pour la notation de la dictée au Brevet*.

3. Échelle de Harris - Évaluation de l'entretien oral

PRONONCIATION	
Peu de traces d'accent étranger.	5
Toujours intelligible, malgré un accent spécifique.	4
Difficultés de prononciation qui exigent une attention soutenue et conduisent quelquefois au malentendu.	3
Très difficile à comprendre à cause de sa prononciation. On doit souvent lui demander de répéter.	2
Difficultés de prononciation si graves que le discours est pratiquement inintelligible.	1
GRAMMAIRE	
Peu ou pas d'erreurs notables de grammaire ou d'ordre des mots.	5
Fait quelques fautes de grammaire et / ou d'ordre des mots, mais qui n'obscurcissent pas le sens.	4
Fait de fréquentes erreurs de grammaire et d'ordre des mots, dont certaines peuvent obscurcir le sens.	3
Grammaire et ordre des mots rendent la compréhension difficile, doit souvent se reprendre ou se restreindre à des modèles de base.	2
Erreurs de grammaire et d'ordre des mots si graves que le discours en est rendu pratiquement inintelligible.	1
VOCABULAIRE	
Utilise vocabulaire et expressions à peu près comme un natif.	5
Utilise quelquefois des termes impropres et / ou doit se reprendre à cause d'inadéquations lexicales.	4
Utilise souvent des termes erronés. Conversation un peu limitée à cause de l'inadéquation du vocabulaire.	3
Le mauvais usage des mots et le vocabulaire très limité rendent la compréhension très difficile.	2

Les limitations de vocabulaire sont si grandes qu'elles rendent la conversation pratiquement impossible.	1
AISANCE	
Parle aussi couramment qu'un natif.	5
La vitesse est légèrement affectée par les problèmes linguistiques.	4
La vitesse et l'aisance sont assez fortement affectées par les problèmes linguistiques.	3
Habituellement hésitant. Souvent forcé au silence par ses lacunes linguistiques.	2
Le discours est si haché et fragmentaire qu'il rend la conversation pratiquement impossible.	1
COMPRÉHENSION	
Semble comprendre sans aucune difficulté.	5
Comprend presque tout à vitesse normale, bien qu'il soit quelquefois nécessaire de répéter.	4
Comprend la plus grande partie de ce qu'on lui dit à vitesse plus lente que la normale et à condition qu'on parle lentement et avec des répétitions.	3
À de grandes difficultés à suivre ce qu'on lui dit. Ne peut comprendre qu'une conversation générale, et à condition qu'on lui parle lentement et qu'on multiplie les répétitions.	2
Ne peut même pas comprendre la simple langue conventionnelle.	1

4. Conseil de l'Europe : grille pour l'auto-évaluation

		A1	A2	B1
COMPRENDRE	Écouter	Je peux comprendre des mots familiers et des expressions très courantes au sujet de moi-même, de ma famille et de l'environnement concret et immédiat, si les gens parlent lentement et distinctement.	Je peux comprendre des expressions et un vocabulaire très fréquent relatifs à ce qui me concerne de très près (par ex. moi-même, ma famille, les achats, l'environnement proche, le travail). Je peux saisir l'essentiel d'annonces et de messages simples et clairs.	Je peux comprendre les points essentiels quand un langage clair et standard est utilisé et s'il s'agit de sujets familiers concernant le travail, l'école, les loisirs, etc. Je peux comprendre l'essentiel de nombreuses émissions de radio ou de télévision sur l'actualité ou sur des sujets qui m'intéressent à titre personnel ou professionnel si l'on parle d'une façon relativement lente et distincte.
	Lire	Je peux comprendre des noms familiers, des mots ainsi que des phrases très simples, par exemple dans des annonces, des affiches ou des catalogues.	Je peux lire des textes courts très simples. Je peux trouver une information particulière prévisible dans des documents courants comme les petites publicités, les prospectus, les menus et les horaires et je peux comprendre des lettres personnelles courtes et simples.	Je peux comprendre des textes rédigés essentiellement dans une langue courante ou relative à mon travail. Je peux comprendre la description d'événements, l'expression de sentiments et de souhaits dans des lettres personnelles.
PARLER	Prendre part à une conversation	Je peux communiquer, de façon simple, à condition que l'interlocuteur soit disposé à répéter ou à reformuler ses phrases plus lentement et à m'aider à formuler ce que j'essaie de dire. Je peux poser des questions simples sur des sujets familiers ou sur ce dont j'ai immédiatement besoin, ainsi que répondre à de telles questions.	Je peux communiquer lors de tâches simples et habituelles ne demandant qu'un échange d'informations simple et direct sur des sujets et des activités familiers. Je peux avoir des échanges très brefs même si, en règle générale, je ne comprends pas assez pour poursuivre une conversation.	Je peux faire face à la majorité des situations que l'on peut rencontrer au cours d'un voyage dans une région où la langue est parlée. Je peux prendre part sans préparation à une conversation sur des sujets familiers ou d'intérêt personnel ou qui concernent la vie quotidienne (par exemple famille, loisirs, travail, voyage et actualité).
	S'exprimer oralement en continu	Je peux utiliser des expressions et des phrases simples pour décrire mon lieu d'habitation et les gens que je connais.	Je peux utiliser une série de phrases ou d'expressions pour décrire en termes simples ma famille et d'autres gens, mes conditions de vie, ma formation et mon activité professionnelle actuelle ou récente.	Je peux articuler des expressions de manière simple afin de raconter des expériences et des événements, mes rêves, mes espoirs ou mes buts. Je peux brièvement donner les raisons et explications de mes opinions ou projets. Je peux raconter une histoire ou l'intrigue d'un livre ou d'un film et exprimer mes réactions.
ÉCRIRE	Écrire	Je peux écrire une courte carte postale simple, par exemple de vacances. Je peux porter des détails personnels dans un questionnaire, inscrire par exemple mon nom, ma nationalité et mon adresse sur une fiche d'hôtel.	Je peux écrire des notes et messages simples et courts. Je peux écrire une lettre personnelle très simple, par exemple de remerciements.	Je peux écrire un texte simple et cohérent sur des sujets familiers ou qui m'intéressent personnellement. Je peux écrire des lettres personnelles pour décrire expériences et impressions.

B2	C1	C2
Je peux comprendre des conférences et des discours assez longs et même suivre une argumentation complexe si le sujet m'en est relativement familier. Je peux comprendre la plupart des émissions de télévision sur l'actualité et les informations. Je peux comprendre la plupart des films en langue standard.	Je peux comprendre un long discours même s'il n'est pas clairement structuré et que les articulations sont seulement implicites. Je peux comprendre les émissions de télévision et les films sans trop d'effort.	Je n'ai aucune difficulté à comprendre le langage oral, que ce soit dans les conditions du direct ou dans les médias et quand on parle vite, à condition d'avoir du temps pour me familiariser avec un accent particulier.
Je peux lire des articles et des rapports sur des questions contemporaines dans lesquels les auteurs adoptent une attitude particulière ou un certain point de vue. Je peux comprendre un texte littéraire contemporain en prose.	Je peux comprendre des textes factuels ou littéraires longs et complexes et en apprécier les différences de style. Je peux comprendre des articles spécialisés et de longues instructions techniques même lorsqu'ils ne sont pas en relation avec mon domaine.	Je peux lire sans effort tout type de texte, même abstrait ou complexe quant au fond ou à la forme, par exemple un manuel, un article spécialisé ou une œuvre littéraire.
Je peux communiquer avec un degré de spontanéité et d'aisance qui rend possible une interaction normale avec un locuteur natif. Je peux participer activement à une conversation dans des situations familières, présenter et défendre mes opinions.	Je peux m'exprimer spontanément et couramment sans trop apparemment devoir chercher mes mots. Je peux utiliser la langue de manière souple et efficace pour des relations sociales ou professionnelles. Je peux exprimer mes idées et opinions avec précision et lier mes interventions à celles de mes interlocuteurs.	Je peux participer sans effort à toute conversation ou discussion et je suis aussi très à l'aise avec les expressions idiomatiques et les tournures courantes. Je peux m'exprimer couramment et exprimer avec précision de fines nuances de sens. En cas de difficulté, je peux faire marche arrière pour y remédier avec assez d'habileté et pour qu'elle passe presque inaperçue.
Je peux m'exprimer de façon claire et détaillée sur une grande gamme de sujets relatifs à mes centres d'intérêt. Je peux développer un point de vue sur un sujet d'actualité et expliquer les avantages et les inconvénients de différentes possibilités.	Je peux présenter des descriptions claires et détaillées de sujets complexes, en intégrant des thèmes qui leur sont liés, en développant certains points et en terminant mon intervention de façon appropriée.	Je peux présenter une description ou une argumentation claire et fluide dans un style adapté au contexte, construire une présentation de façon logique et aider mon auditeur à remarquer et à se rappeler les points importants.
Je peux écrire des textes clairs et détaillés sur une grande gamme de sujets relatifs à mes intérêts. Je peux écrire un essai ou un rapport en transmettant une information ou en exposant des raisons pour ou contre une opinion donnée. Je peux écrire des lettres qui mettent en valeur le sens que j'attribue personnellement aux événements et aux expériences.	Je peux m'exprimer dans un texte clair et bien structuré et développer mon point de vue. Je peux écrire sur des sujets complexes dans une lettre, un essai ou un rapport, en soulignant les points que je juge importants. Je peux adopter un style adapté au destinataire.	Je peux écrire un texte clair, fluide et stylistiquement adapté aux circonstances. Je peux rédiger des lettres, rapports ou articles complexes, avec une construction claire permettant au lecteur d'en saisir et de mémoriser les points importants. Je peux résumer et critiquer par écrit un ouvrage professionnel ou une œuvre littéraire.

5. *Les lettres de Paulette et Victor*, mode d'emploi

Sur ce modèle, et avec pour chaque séquence dix exemples numérotés de 0 à 9, numérotage qui en permet éventuellement l'extraction mécanique, on trouvera ci-dessous une matrice multitrillionnaire qui donne la possibilité de réaliser 1022 lettres différentes.

Cette créativité finie, mais déjà astronomique, devient infinie si l'on s'inspire des exemples pour formuler des énoncés nouveaux non répertoriés.

Les Lettres de Paulette et Victor permettent notamment:

a. de fabriquer au hasard une des 1022 lettres possibles en tirant au sort vingt-deux fois un chiffre de 0 à 9. Les enchaînements de certaines des lettres ainsi produites présenteront parfois quelques bizarreries plus ou moins surprenantes mais qui ne feront qu'enrichir la lettre, comme dans la technique des petits papiers;

b. d'écrire de vraies lettres, en suivant le modèle proposé et en choisissant les exemples qui vous conviennent, si vous êtes à court d'imagination;

c. d'exercer votre créativité en inventant de nouveaux exemples, soit qu'ils s'adaptent mieux à votre situation réelle (par exemple si vous êtes en prison), soit que vous les trouviez plus plaisants: on consultera à cet effet les conseils donnés pour chaque séquence dans la rubrique « Style »;

d. de faire, sous forme de lettre, une petite rédaction d'une page en français. Afin d'aider au mieux les étudiants étrangers, nous avons indiqué pour chaque séquence, dans la rubrique « Grammaire et vocabulaire », les moyens linguistiques nécessaires.

1. Vocatif d'en-tête	12. Commentaire
2. Raison du séjour	13. Information sur les occupations ou sur le mode de vie de l'auteur
3. Lieu	14. Appréciatif général sur le séjour
4. Ressemblance avec un autre lieu	15. Marque d'intérêt pour le destinataire
5. Différence avec cet autre lieu	16. Demande de nouvelles sur un point précis
6. Bulletin de santé	17. Vœu concernant le destinataire
7. Notation météorologique	18. Conseil au destinataire
8. Notation lyrique	19. Demande de service au destinataire
9. Détails sur la population locale ou sur les estivants	20. Remerciement ou explication
10. Commentaire appréciatif ou restrictif sur les mêmes	21. Prévision de rencontre
11. Relation d'un événement	22. Congé et formule d'affection

Pour faire rédiger une carte postale, choisir de préférence les items 2, 3, 7, 14, 22.

Francis Debyser, *CréaCom*, BELC, 1981.

Table des matières

N° d'éditeur : 10157410 - Janvier 2009
Imprimé en France par EMD S.A.S - 53110 Lassay-les-Châteaux - N° d'imprimeur : 20496